广东省决策咨询研究基地·韩山师范学院陶瓷产业研究中心资助项目
韩山师范学院教授（博士）科研启动资助项目（QD202107）（QD202304）
潮州市哲学社会科学应用型（重点）课题资助项目（2022-Y-05）
潮州市哲学社会科学"十四五"规划课题资助项目（2023-A-13）
广东省哲学社会科学规划资助项目（GD23XYJ60）

中国瓷都：
潮州陶瓷产业转型升级与高质量发展智库报告（第1期）

李　毅　李迎旭　冯琳琳　董　平　吴肇霖 ◎ 著

经济日报出版社

北　京

图书在版编目（CIP）数据

中国瓷都：潮州陶瓷产业转型升级与高质量发展智库报告.第1期/李毅等著.--北京：经济日报出版社，2024.8. -- ISBN 978-7-5196-1499-7

Ⅰ.F426.71

中国国家版本馆CIP数据核字第2024YK4848号

中国瓷都：潮州陶瓷产业转型升级与高质量发展智库报告（第1期）
ZHONGGUO CIDU：CHAOZHOU TAOCI CHANYE ZHUANXING SHENGJI YU GAOZHILIANG FAZHAN ZHIKU BAOGAO（DI YI QI）

李　毅　李迎旭　冯琳琳　董　平　吴肇霖　著

出　　版：	经济日报出版社
地　　址：	北京市西城区白纸坊东街2号院6号楼710（邮编100054）
经　　销：	全国新华书店
印　　刷：	北京建宏印刷有限公司
开　　本：	710mm×1000mm　1/16
印　　张：	14.5
字　　数：	220千字
版　　次：	2024年8月第1版
印　　次：	2024年8月第1次印刷
定　　价：	68.00元

本社网址：www.edpbook.com.cn　微信公众号：经济日报出版社
未经许可，不得以任何方式复制或抄袭本书的部分或全部内容，**版权所有，侵权必究。**
本社法律顾问：北京天驰君泰律师事务所，张杰律师　举报信箱：zhangjie@tiantailaw.com
举报电话：010-63567684
本书如有印装质量问题，请与本社总编室联系，联系电话：010-63567684

广东省决策咨询研究基地·
韩山师范学院陶瓷产业研究中心
智库报告编委会

主　　任　黄景忠

执行主任　李　毅

编委会成员（排名不分先后）

张晖英	庞　飞	柳茂春	张　扬	刘贵深	李迎旭	吴肇霖
黄中文	胡朝举	董　平	李南海	林珊微	李言统	林温迪
佘桂超	黄　丽	庄财永	刘丽莎	庄玉莹	肖婷婷	黄妙钿
袁　洁	鲍江东	刘汉旭	邓秀杰	吴庆源	冯琳琳	肖　枫
彭谓慧	胡西武	栾申洲				

前 言

潮州陶瓷历史悠久。从潮州陈桥村贝丘遗址中可以看出，早在6000多年前，先民便在此繁衍生息和冶陶，而北关古窑址、南关古窑址和笔架山宋代窑址的发掘，也说明至少在唐高宗仪凤调露初年（公元676—679年），潮州已有较大规模的陶瓷生产，并出现了釉下点褐彩瓷器。

潮州先民烧制陶器的历史，可追溯到距今6000年前至4000年前的新石器时代。潮州至今发现湘桥区陈桥村、池湖村、意溪海角山，潮安区庵埠梅林湖、金石石尾山和归湖神山共6处新石器时代的文化遗址，出土了大量的陶片和少量的完整陶器。从这些陶片和陶器的特征看，它们与黄河流域仰韶文化及长江中下游地区新石器时代的部分陶器有许多相似之处。

改革开放以来，潮州的陶瓷产业采取以生产数量取胜、薄利多销、贴牌生产的战略方法迅速发展。20世纪80年代后期，潮州陶瓷产业集群初步形成。20世纪90年代，潮州陶瓷出口比重逐步增大，成为中国陶瓷的重要出口基地之一。目前，潮州已初步形成以四通、松发、恒洁等龙头企业集聚、产品门类齐全、上下游配套生态完善的陶瓷产业集群，是国内产业链最完整的陶瓷产区。

多年来，陶瓷一直都是潮州重要的支柱产业和最重要的出口产品。2022年，潮州陶瓷全产业链产值规模超600亿元，拥有各类陶瓷工业企业超3000家、规上陶瓷企业376家，日用陶瓷、陈设艺术陶瓷、建筑卫生陶瓷年产销量分别占全国的25%、25%和40%，出口量分别占全球的30%、40%和55%，均居全国首位，是我国最大的陶瓷生产和出口基地。

近年来，潮州市委市政府贯彻落实习近平总书记勉励潮州陶瓷产业走好高质量发展路子的重要指示精神，出台系列相关政策，扶持陶瓷产业做大做强。2018年出台《潮州市推动陶瓷产业高质量发展实施方案》，2020年8月出台《潮州市打造千亿陶瓷产业集群行动方案》，2021年出台《潮州市陶瓷产业人才振兴计划实施方案》和《潮州市陶瓷产业人才振兴计划专项资金管理细则》，2022年出台《潮州市培育发展智能卫浴产业集群行动计划》和《关于进一步支持工业企业高质量发展的若干政策措施》，2023年出台《潮州市制造业高质量发展"十四五"规划》和《潮州市瓷泥行业综合整治提升三年行动方案（2023—2025年)》等文件，以深化供给侧结构性改革为主线，以陶瓷原材料供给、智能制造、设计创新、品牌建设、工业旅游等为切入点，加快转型升级步伐，推动陶瓷产业高质量发展，进一步擦亮"中国瓷都"品牌。

一、潮州陶瓷产业发展主要目标

潮州正在从中国瓷都向千亿产业集群努力迈进。潮州地处广东最东部，面积仅3679平方千米，2022年GDP接近1313亿元，在广东21个地级市中排名第19位。如果与省内其他城市产业相比，潮州不少产业难免相形见绌，但如果说到陶瓷产业，潮州在国内乃至全球也均称得上是首屈一指。

潮州力争到2025年底陶瓷工业总产值达到千亿元级，规上陶瓷企业达到1000家以上；全市陶瓷产业结构、产品结构进一步优化，自动化、智能化、创意设计水平进一步提升，区域品牌影响力和产业竞争力进一步增强。主要目标如下。

1. 科技创新能力显著提升。围绕陶瓷新材料、新工艺、智能制造、工业4.0等领域，整合各类创新要素资源，建设陶瓷产业创新服务综合平台，瞄准全球陶瓷产业制高点，打造陶瓷产业高质量发展高地。

2. 产业链内涵外延式发展。陶瓷产业价值链进一步完善，逐步形成以工业陶瓷为核心竞争力，以陈设艺术陶瓷、高档日用瓷、卫浴陶瓷为主体，以创意陶瓷、智能马桶盖、智能健康监测卫浴为后发优势的发展格局。推进产业内部结构多元化发展，全力推进陶瓷新材料产业和陶瓷旅游产品规模化发展。

3. 生产数智化水平明显提高。全市陶瓷生产企业30%以上实现生产机械化和自动化，"机器换人"工作有序开展，"互联网+陶瓷产业"不断深化，智能工厂培育加快进行，陶瓷产业智能化和自动化程度在国内处于行业领先水平。

4. 品牌影响力进一步扩大。通过加强对外宣传交流、举办陶瓷精品展，建设城市雕塑，品牌推广宣传，发展陶瓷工业旅游，充分展示"中国瓷都"风采，提升潮州知名度和影响力。

5. 节能减排水平不断提高。通过推进陶瓷废物循环利用，推广节能技术改造，使万元产值能耗年平均下降4%以上，废瓷尾矿回收利用率在80%以上，日用陶瓷平均吨瓷能耗保持在0.4吨标准煤/吨瓷以下，企业大气污染物稳定达标排放。

2021年第五届"CHINA·中国"（潮州）陶瓷艺术设计大赛暨"设计引领—陶瓷产业发展"主题论坛在潮州举行，这是对潮州陶瓷历史文化、陶瓷产业发展成就的充分肯定，有力带动了陶瓷行业艺术设计水平的整体提升，推动了陶瓷产业的进步与创新，有望促进陶瓷产业转型升级，走上高质量发展之路。

二、潮州陶瓷产业发展面临的困难

1. 产业发展进度缓慢。打造千亿陶瓷产业集群，对潮州而言并非易事。从数据上看，2003年潮州陶瓷产值接近117亿元，2013年453亿元，2022年554.99亿元，近20年增长了3.74倍，近10年增长了2.87倍。而2003年景德镇陶瓷年产值只有20亿元，2013年249.3亿元，2022年665.37亿元，近20年增长了32.27倍，近10年增长11.47倍。潮州陶瓷产业2003年至2014年是黄金发展的10年，年均增长33.4%，2014年更是首次步入500亿元大关。近10年潮州陶瓷产业一直在500亿~600亿元徘徊，年均增长仅0.8%，可以说是失去的10年。尤其是2015年至2021年，潮州陶瓷工业总产值仅从560亿元增加至约561.6亿元，6年增加不到2亿元，产业发展脚步停滞不前。

2. 市场高占有率的背后是以量取胜。从全国销量规模和出口贸易规模来看，潮州日用陶瓷、陈设艺术陶瓷、卫生陶瓷都遥遥领先，但是产值和出口额却比不上其他主要陶瓷产区。从出口规模来看，潮州是"中国陶瓷出口基地"，日用陶瓷、陈设艺术陶瓷、卫生陶瓷出口量占全球的30%、40%、

55%，均居全国首位。但是 2022 年潮州陶瓷产品出口额仅 92.4 亿元，在主要陶瓷产区排名第 3 位，金额不及德化、佛山的四成，可见潮州以薄利多销的中低档产品抢占国际市场份额，量大却价格低廉。

3. **出口外贸陷入瓶颈期。**潮州近 20 年陶瓷产品出口额增长缓慢，2022 年仅比 2003 年增长了一倍，比 2015 年增长了 12%。而德化 2007 年陶瓷产品出口额 6.18 亿美元，2022 年 32.45 亿美元，15 年间增长了 425%。显然，潮州陶瓷产品出口外贸已陷入瓶颈期。

4. **集群企业缺乏联动。**从集群现状来看，潮州陶瓷产业集群的格局是龙头企业稀少，中型企业不多，以小型企业为主。龙头企业品牌资产低，辐射带动作用小，远远比不上佛山陶瓷企业，松发、四通、长城等 3 家陶瓷类上市公司年产值均不足 5 亿元，头部企业对上下游中小微企业的带动作用极为有限。产业虽已形成完整的产业链，但陶瓷企业更多是处于单打独斗的局面，整体势能并不聚焦。有观察人士分析称，潮州陶瓷企业数量多但龙头企业较少，多数企业生产规模小、研发能力较弱、产品同质化严重，这导致市场竞争更加白热化。总体来说，潮州陶瓷产业生产链条成熟度高，有利于提高生产效率和降低生产成本，这是潮州陶瓷产业发展的一大优势。但是，比较致命的是产业业态链条"串"不起来。无论是纵向业态还是横向业态，潮州陶瓷产业跟其他支柱产业、三环集团与其他陶瓷企业的关系都基本是"独立成章"，区域内企业之间、链条内企业之间没有形成紧密型的联动增长机制，全市没有一个重点打造的陶瓷产业园（集聚地），以致无法形成产业聚集和产业链构建，从根本上严重制约了整个产业规模做大做强。

5. **产业发展缺乏系统性顶层设计。**总体来说，虽然潮州市委、市政府高度重视陶瓷产业高质量发展，政策导向鲜明、支持力度较强，对完善整个产业链布局、加速产业升级起到了决定性作用。但是，整体政策偏碎片化，缺乏战略性、整体性和长期性的产业规划，缺乏系统性顶层设计，不利于产业长期发展，在一定程度上已经严重制约了陶瓷产业高质量发展速度，潮州陶瓷产业近 10 年发展缓慢就是明证。

调研发现，一些潮州日用陶瓷企业产品较为低端，主要为贴牌代加工，产业链附加值相对较低。而今以量取胜的时代已经过去，面对行业的调整变化和重新洗牌，潮州陶瓷产业亟待转型升级，突破"大而不强"的瓶颈，才能实现高质量发展。

三、潮州陶瓷产业转型升级与高质量发展的探索与实践

（一）理论探索

本智库报告由三个子报告组成，从三个方面进行了理论研究。

1. 潮州创建国家级陶瓷产业转型升级创新示范区研究报告。该报告从潮州陶瓷产业转型升级的堵点和难点、陶瓷产业转型升级路径、政府在转型升级创新示范区中的职能与作用、创建国家级陶瓷产业转型升级创新示范区的具体措施等 4 个方面进行了理论探索，为潮州陶瓷产业转型升级指明了方向。

2. 后疫情时代潮州陶瓷产业高质量发展研究报告。该报告从潮州陶瓷产业总体情况、疫情对潮州市陶瓷产业整体的冲击及恢复、系统调研和宏微观分析、陶瓷产业高质量发展面临的困境、陶瓷产业高质量发展评价、后疫情时代潮州陶瓷产业高质量发展路径及建议等 6 个方面进行了理论探索，为潮州陶瓷产业高质量发展指明了方向。

3. 乡村振兴视角下潮州陶瓷产业创新发展调查报告。该报告以潮州市潮安区凤塘镇为例进行了系统调查研究，从凤塘镇陶瓷产业发展概况、凤塘镇陶瓷产业所面临的困境、凤塘镇陶瓷产业创新发展的设想与建议等 3 个方面进行了理论探索，为凤塘镇高质量建设陶瓷专业镇（陶瓷小镇）指明了方向。

（二）实践探索

以三环集团为例，三环集团在创新发展先进陶瓷方面先行先试，取得了辉煌成绩[①]。作为知名电子陶瓷类电子元件制造商，三环集团的光纤连接器陶瓷插芯、氧化铝陶瓷基板、电阻器用陶瓷基体等产品产销量均居全球前列。

三环集团在光纤陶瓷插芯、半导体陶瓷封装基座、智能手机与可穿戴设备用陶瓷件等"先进陶瓷"方面已经取得新突破，创新产品琳琅满目。在三环集团展厅，古老陶瓷向世人展示着其先进的"另一面"：具备光电、声学、磁性等特殊性能的陶瓷新材料。

---

① 王卓峰."中国瓷都"探路先进制瓷，潮州聚力打造千亿级产业集群［EB/OL］. 21 世纪经济报道，2023-5-22.

多层陶瓷片式电容器也叫 MLCC，是三环集团从 2000 年开始致力研发的核心技术，主要应用在航空、航天、通讯、汽车等领域。随着科研团队不断攻克技术难关，MLCC 个头越做越小，蓄能作用越来越强，应用范围也越来越宽。目前，该集团自主研发的 5G 通信用 MLCC 产品已达到国外同类产品水平，可实现国产化替代。此外，光纤陶瓷插芯、半导体陶瓷封装基座、片式电阻器陶瓷基板等三个产品的市场占有率位居全球前列。

在新能源领域，三环集团通过 18 年持续技术攻关，掌握了从陶瓷燃料电池的材料、单电池、到电堆，再到系统的研发和生产，实现了全技术链条的突破。该公司研发的国内首台陶瓷燃料电池发电系统突破 210 千瓦，发电净效率 61.8%，热电联供效率 91.2%，成为我国陶瓷燃料电池发展的重要里程碑节点。

三环集团对于潮州先进陶瓷的发展起到了一定的引领作用，其牵头成立的广东省先进陶瓷材料创新中心探索陶瓷材料在电子信息、新能源等领域的应用。潮州市工信局曾向媒体表示，随着三环集团创新研发步伐的加快，不少本地陶瓷龙头企业开始通过与三环集团合作，涉足高技术陶瓷领域。

通过龙头牵引，壮大产业规模，完善产业链条，最终形成龙头带配套、配套引龙头的良性互动格局，这正是潮州培育先进陶瓷龙头企业的初衷。有专家认为，潮州陶瓷产业要再冲高峰，一方面要以先进陶瓷为突破口继续做大产业规模，形成产业集群和品牌效应；另一方面要做大单体企业规模，重点突破，培育发展"航空母舰"型世界一流企业，以此为标杆带动行业高速发展，抗衡国际竞争，掌控行业话语权。

发力高科技先进陶瓷，折射出"中国瓷都"在产业布局上具有前瞻性的视野。与国外先进陶瓷行业品牌集中度高的情况不同，国内先进陶瓷产业由于起步较慢，目前行业集中度仍较低，较为分散。换言之，行业还处在加速崛起的阶段，潮州企业仍有冲击行业领军品牌的机会。

对于潮州自身而言，政府积极鼓励陶瓷企业科技创新，是陶企进军先进陶瓷的最大底气。据介绍，潮州设立了 2000 万元智能化应用专项资金，支持陶瓷企业加快智能化、数字化改造，建设智能工厂、数字车间，全市陶瓷智能化设备应用超 8000 台（套），智能化设备渗透率比 2022 年增长一倍。

以创新引领产业转型升级,离不开科研创新平台的有力支撑。潮州陶瓷产业创新平台体系正逐步完善——化学与精细化工省实验室潮州分中心建设步伐居粤东西北前列,三环集团成功组建全省唯一一个先进陶瓷材料创新中心,全市累计建成陶瓷类省级实验室分中心1家、省级重点实验室1家、省级工程技术研究中心21家、省级企业技术中心7家。

围绕"千亿陶瓷产业集群"目标,潮州陶瓷已经踏上产业转型升级的主战场。潮州陶瓷正沿着"从低端到高端、从分散到集中、从单一模式到多元并进"的发展态势,推动更多陶企主动拥抱新技术、融入先进陶瓷新领域,加快培育龙头企业带动同域同链企业共同发展,以此打造千亿级陶瓷产业集群和世界级陶瓷先进制造业产业集群。①

四、本智库成果的学术价值、实践意义和社会影响

1. 基于多学科交叉,系统梳理潮州市政府近年来推动陶瓷产业转型升级和高质量发展的现状及存在的问题,对构建国家级陶瓷转型升级创新示范区进行全面的审视和综合评价,进行"问诊把脉",对潮州陶瓷产业转型升级和高质量发展进行理论方面的探索,供政府决策参考。

2. 用平台思维做发展乘法是面对新经济、新模式、新业态、新技术的必然选择,是实现潮州陶瓷产业转型升级和高质量发展的理念革命。相信通过构建国家级陶瓷转型升级创新示范区实现高质量发展,将为潮州发展带来从产品经济到产业经济再到平台经济的一次质变和升华。

3. 用系统思维和产业链思维考虑问题,为创建国家级陶瓷转型升级创新示范区实现高质量发展提供决策参考和行动指南。

五、研究成果的突出特色、主要建树及创新,研究成果的不足之处,尚要深入研究的问题

研究方法方面:采用调查法、访谈法结合数据分析法,力争找出转型升级和高质量发展的痛点和堵点。

主要建树及创新:从系统思维和产业链思维系统分析了创建国家级转型

---

① 上述"一、二、三"中资料及数据根据相关新闻报道和中共潮州市委人才工作领导小组办公室编制的《潮州陶瓷产业人才开发路线图(初稿2023年10月10日版)》整理而得。

升级示范区的架构和设想，对陶瓷产业实现高质量发展具有较强的理论指导意义和实践参考价值。

研究成果的不足：受课题组能力影响和时间限制，对国内其他陶瓷主产区调研不够深入，可能会影响研究的深度和质量。

后续研究：需要进一步加大对其他陶瓷产区的调研，尤其是加强对国外主要陶瓷产区转型升级和高质量发展先进做法的研究。

目 录

上 篇

潮州创建国家级陶瓷产业转型升级创新示范区研究报告 …………… 3
引 言 …………………………………………………………………… 3
第1章 潮州陶瓷产业转型升级的堵点和难点 ………………………… 8
第2章 潮州陶瓷产业转型升级路径分析 ……………………………… 29
第3章 政府在转型升级创新示范区中的职能与作用 ………………… 41
第4章 潮州创建国家级陶瓷产业转型升级创新示范区的具体措施 …… 52
参考文献 ………………………………………………………………… 62
附录1：潮州陶瓷产业概况 ……………………………………………… 64
附录2：以创新驱动凤塘镇"陶瓷专业镇"建设的思路与建议 ……… 76
附录3：潮州陶瓷产业创建国家级转型升级创新示范区的意义与建议 … 85
附录4：提升认知维度 创新设计理念 助力陶瓷产业高质量发展 …… 93
附录5：潮州创建国家级陶瓷产业转型升级创新示范区的路径 ……… 101
附录6：潮州及其他城市人才引进政策详情 …………………………… 106
附录7：潮州及其他地区区域品牌建设 ………………………………… 112

中 篇

后疫情时代潮州陶瓷产业高质量发展研究报告 ………………………… 119
引 言 …………………………………………………………………… 119
第1章 潮州陶瓷产业总体情况 ………………………………………… 122
第2章 疫情对潮州陶瓷产业整体的冲击及恢复 ……………………… 124
第3章 调研分析 ………………………………………………………… 127

第 4 章	疫情后潮州陶瓷高质量发展面临的困境	144
第 5 章	潮州陶瓷产业高质量发展指标评价体系	148
第 6 章	后疫情时代潮州陶瓷产业高质量发展路径及建议	155

参考文献 ………………………………………………………………… 159
附录1：潮州陶瓷产业高质量发展指标评价体系权重专家测评 ……… 160
附录2：潮州陶瓷高质量发展指标评价体系专家评分表 ……………… 165

下 篇

乡村振兴视角下潮州陶瓷产业创新发展调查报告
　　——以潮州市潮安区凤塘镇为例 ………………………………… 171

第 1 章	调查设计	172
第 2 章	潮州市潮安区凤塘镇陶瓷产业发展概述	175
第 3 章	凤塘镇陶瓷产业所面临的困境	189
第 4 章	乡村振兴背景下凤塘镇陶瓷产业创新发展的设想与建议	195
第 5 章	展　望	204

参考文献 ………………………………………………………………… 205
附录1：问卷调查
　　——关于潮州市民陶瓷选购情况以及陶瓷认知情况调查 ……… 207
附录2：问卷调查
　　——关于在校大学生对于陶瓷行业看法调查 …………………… 209
附录3：问卷调查
　　——关于陶瓷从业者对陶瓷产业的看法调查 …………………… 211

后记 ……………………………………………………………………… 213

上 篇

潮州创建国家级陶瓷产业转型升级创新示范区研究报告[①]

引 言

陶瓷是潮州重要的支柱产业和最重要的出口产品，生产的日用陶瓷、陈设艺术陶瓷和建筑卫生陶瓷年产销量分别占全国的25%、25%和40%，出口量分别占全球的30%、40%和55%，是我国最大的陶瓷生产和出口基地。

如何贯彻落实习近平总书记勉励潮州陶瓷产业走好高质量发展路子的重要指示精神，给党中央交一份合格的答卷？课题组认为，潮州应该努力创建国家级陶瓷产业转型升级创新示范区。核心观点如下。

第一，陶瓷产业转型升级是擦亮"中国瓷都"这一金字招牌的关键。

潮州市有发展陶瓷产业的历史传统和基础条件，并于2004年被评为"中国瓷都"。陶瓷产业作为潮州市首要的支柱产业，已经拥有较为完整的产业链，产业集群特征明显，但是却无法很好地发挥集聚效应，难以形成产业竞争优势和塑造区域品牌。统筹规划好潮州陶瓷产业转型升级创新示范区的空间布局，推进现有陶瓷企业"一退一进"，实施就地改造一批、搬迁进园一批、关停淘汰一批"三个一批"，实现陶瓷行业高端化、品牌化、集约化、绿色化、国际化发展，建设潮州陶瓷产业转型升级创新示范园，通过举办"中国瓷都国际陶瓷博览会"打造具有国际影响力的"中国陶瓷"核心区和国内

[①] 本报告为潮州市哲学社会科学2022年度应用型（重点）项目"潮州创建国家级陶瓷产业转型升级创新示范区研究"最终成果，项目编号：2022-Y-05。课题负责人：李毅。课题组成员：李迎旭、冯琳琳、董平、彭谓慧、吴肇霖、刘毅、李民招、龚希琳、刘贵深、张扬、柳茂春、杨宝民。

知名的"潮州陶瓷",擦亮"中国瓷都"招牌。

第二,创建国家级陶瓷产业转型升级创新示范区是践行《潮州市打造千亿陶瓷产业集群行动方案》的具体抓手。

目前潮州陶瓷行业所面临的挑战集中在三个层面。(1)企业层面挑战:企业转型理念较差、创新意识薄弱、环境污染较重。这对于缺乏大局观的企业来说,支持转型升级意味着企业要承担更多的投入风险,导致很多企业为了规避风险,往往会降低甚至暂停对于企业转型升级的投入。(2)产业层面挑战:资源较少,即原料较少、用地较少和人才较少,制约了潮州陶瓷产业转型升级;规模较小,潮州陶瓷企业一直普遍存在较"多、杂、小、弱"的问题;标准较缺,目前整个陶瓷行业的标准有100多个,其中潮州参与的有50多个,然而潮州最缺乏的还是具有先进性和引领性的行业标准。(3)政府层面挑战:主要是转型升级配套政策缺失,产业转型升级政策是一项复杂而又综合性强的大工程,因此以政府为引导的产业转型升级政策应是一个持续、动态的过程,需要在实施中不断总结和完善;政策缺乏整体战略规划,尽管千亿陶瓷产业集群项目提出相对较为详细的目标,但是大部分只能称之为工作方案,只停留在报告、建议的层面,未能上升到政策执行层面,大部分转型升级的配套扶持政策还有待完善;配套较难,就当前情况来看,潮州地区的产业配套问题主要还是燃气价格问题和设备企业引进的相关问题;品牌较次,从全球多个陶瓷品牌来看,潮州陶瓷还未形成自己的名片,未能形成品牌效应。

第三,潮州陶瓷作为典型的制造业,现已面临多种转型升级困境。

充分发挥潮州陶瓷产业现有优势,主动对接国家重大战略,以企业优化为基,产业兴盛作路,建设国家级陶瓷产业转型升级示范区,不仅是促进陶瓷产业提质增效的关键,也是实现《中国制造2025》的潮州举措。转型升级有两条路径:一是企业路径。陶瓷企业是潮州产业组成的关键环节,即打造潮州陶瓷产业转型升级示范区。首先要通过提升企业家精神扭转原先相对保守的理念;其次要锻造潮州创新体系,并在创新的产品上赋予文化内涵。二是产业路径。(1)打造产业集群是构建陶瓷产业转型升级的必然选择。要实现产业转型升级,就要破解潮州陶瓷企业"大而全,小而全"的现状,筑牢上市企业为"龙头"、规上企业为"两翼"、中小微企业协同发展的产业布局。（2）合作共赢是筑牢陶瓷产业转型升级的重点。由于潮州文化相对保守，导致潮州企业普遍缺乏合作精神，严重阻碍了整个陶瓷产业的发展。对此，潮州陶瓷需要改变知识与技术在空间上分散的现状，利用政府和协会的号召力，学习使用"互联网+大数据"搭建相对密集的知识场即共性技术平台。通过共性技术平台的搭建，一方面实现各龙头产业链内部技术共享、研发共享，利用知识和技术的外溢效果，加速学科交叉和产业融合，促进陶瓷产业新思想、新工艺、新技术的产生；另一方面依托平台经验类知识的传播，培养"工匠"诞生，以此激发新方法、新模式的产生与应用。（3）智能制造是赋能陶瓷产业转型升级的关键。传统制造产业跟上时代发展步伐、迈上新台阶，必然离不开智能制造的助力。

第四，政府在推动潮州陶瓷产业转型升级的过程中发挥重要的职能。

政府在产业转型升级方面的职能主要包括制定规划、调控引导和服务保障。（1）政府应完善人才政策，创造良好的人才发展环境。在转型升级过程中，人才是最主要的驱动力。人才资源是第一资源，是事关一个地区经济能否实现快速发展的关键问题，人才竞争的背后实际上是人才发展环境的竞争，不仅要拥有人才还要能够留住人才。首先，在人才政策制定时，应着重考虑人才政策的更新迭代和前瞻性布局，兼顾本土人才培养和外部人才引进，发展"学历+技能"人才培养模式，实现人才质量的提高。其次，应该打造"引才留才"环境。一是积极扶持潮州陶瓷产业的发展，以强大的产业集聚能力吸引人才；二是营造良好的社会环境，并积极宣传潮州的地域文化，提升城市对人才的吸引能力；三是打造陶瓷产业人才晋升通道，为优秀人才提供培训机会，让人才获得职业成就感。最后，应该创造人才培养沃土。（2）产业配套政策不健全，提高了企业生产成本和交易成本，降低了城市劳动力和土地成本相对较低的优势。当前，潮州面临的配套产业问题主要包括土地问题、配套企业引进问题和燃气问题。针对这些问题，需要做到：一是对于土地问题，应该推动陶瓷生产土地资源的有效流转与产权确定，推动工业土地等级划分与用途划分，保障陶瓷生产的用地需求。二是对于配套企业引进问题，应鼓励陶瓷生产经营模式创新和生产技术创新，大力推进标准化陶瓷生产示范建设，积极引进陶瓷产业链配套企业及中介组织和个人。三是对于天然气问题，可以出台相关政策，规范天然气供应量、收费标准以及给予企业用气补助，还可以从多方采购优质、低价的天然气，并制定合理的收费标准，降低陶瓷企业生产要素成本。（3）大力实施品牌发展战略，加强陶瓷品牌体系建设，是推动潮州陶瓷产业高质量发展的重要途径。考虑到陶瓷产业在潮州经济和乡村产业振兴中的重要地位，其品牌建设离不开政府与企业的协作机制，以及制度供给和市场推广，共同推动潮州陶瓷品牌形成与价值链延伸。这就需要培育潮州龙头企业，打造卓著品牌；深化质量体系建设，做好品牌建设基础；加强品牌宣传力度，提高品牌知名度；大力发展"陶瓷+"新模式，提升陶瓷品牌吸引力。

第五，潮州创建国家级陶瓷产业转型升级创新示范区可采取的具体措施。

（1）有中变强，布局产业集群。需要做到：严把企业认证关，筛选入园集群名单；严控选址建设地，腾挪集群建设空间；严筑产业生态链，赋能企业建设发展；严稽发展动态，确立集群运行检测制度和评价机制。（2）你有我优，锻造绿色陶瓷。要想推动潮州陶瓷产业高质量发展的话，制造绿色陶瓷已经成为陶瓷产业必由之路。对此，潮州的陶瓷产业可从四个方面着手：①清洁能源的使用，是推动潮州陶瓷发展绿色化、低碳化的题中应有之义。②新技术的使用，是推动潮州陶瓷发展绿色化、低碳化的重要动力。③加强废弃物处理和回收利用，是推动潮州陶瓷发展绿色化、低碳化的必然要求。④建立环保质量监控体系，是推动潮州陶瓷发展绿色化、低碳化的有力保障。（3）无中生有，建设特色小镇。陶瓷小镇需要"点线面"相结合，即抓住"陶瓷"一点，拉出"产业"一线，形成"实体—数字"一面。具体而言："点"要深，打造核心爆款。潮州陶瓷小镇是要在牢牢把握陶瓷产品基础上，立足陶瓷发展陶瓷，做精做细陶瓷。"线"要长，串联产业链条。"面"要宽，涉足数字网络。因此，建设如此小镇需政府、协会、企业通力协作，相互配合才能打造成功。

政府要"三保"。一是成立领导小组，保证陶瓷小镇筹建工作平稳运行。二是营造陶瓷氛围，保障潮州陶瓷小镇知名度。三是给予财政支持，为陶瓷小镇建设上财政保险。

协会需"三协"。一是协调政府政策落实。协会要做好企业与政府之间的润滑剂，在政策颁布后，积极将政策内涵传达企业。二是要协调企业。一方面企业是协会的重点服务对象，协会通过多种渠道积极向政府反映企业的愿望和要求，以便于政府的政策制定合理设计；另一方面协会要协调陶瓷小镇内部各企业之间，在沟通信息、统一认识、消除矛盾、促进竞争方面发挥作用。三是协调外部资源。在构建陶瓷文创方面，深入挖掘民间艺术家；在数字网络方面，以协会身份积极引进网络公司，加快对应"云端小镇"建设，并保障"云端小镇"稳定运行；在企业引进方面，利用自身资源与人脉，对接外在企业。

企业提"三供"。一是提供企业视角的发展规划。陶瓷小镇是由企业为基础搭建，所以企业要为潮州陶瓷小镇规划、设计和建设提供建议，从自身视角考虑问题，帮助政府加深对陶瓷小镇的理解。二是提供陶瓷专业技术与人员。企业作为陶瓷专业技术与专业人员最为集中的地区，要发挥技术人才集聚的优势，为陶瓷小镇建设提供相关的培训，并开设讲座讲解陶瓷相关知识，帮助政府、协会更好地建设小镇。三是提供实体陶瓷产品。企业要发挥具有完整的生产流程的优势，对接"云端小镇"线上消费者的陶瓷设计理念，将虚拟陶瓷落于实地。

关键词：潮州陶瓷；转型升级；创新示范区

第1章　潮州陶瓷产业转型升级的堵点和难点

中国是世界上最早发明瓷器的国家，中华文明上下五千年，3000年的历史中就贯穿着瓷器文明，这些精美的瓷器见证了中华文化的灿烂文明。而中国瓷器在世界文明发展史上也占有重要的地位。就陶瓷的发展史来看，其实际上就是一部形象的中华民族文化史。它是同人们的生活和生产实践紧密连接的。正如图1-1所示，生动形象地展示了我国历代陶瓷文化的结晶。

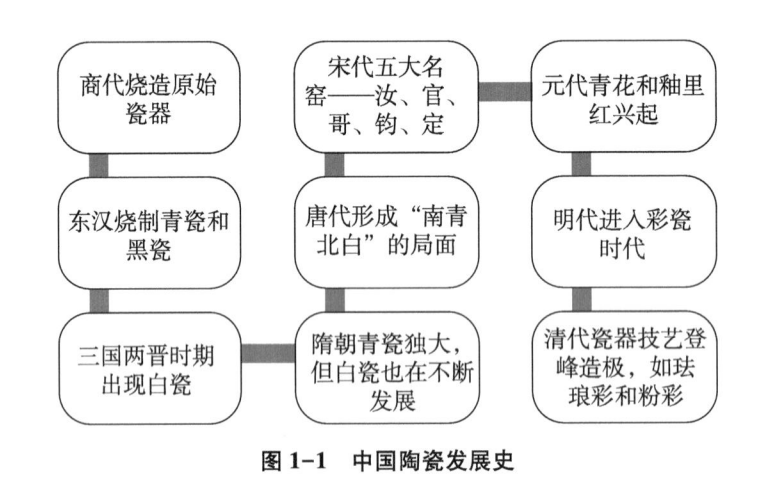

图1-1　中国陶瓷发展史

资料来源：根据相关资料绘制而得。

而中国广东的潮州作为一个"千年瓷都"不仅有着得天独厚的资源优势而且拥有悠久的陶瓷历史和丰富的陶瓷文化底蕴。目前来看，潮州是生产规划最成熟、产量最大、规模最大、最环保的陶瓷产区之一。同时，潮州一直以来都是我国南方陶瓷生产的重要基地。然而，在各种环境影响下，我国陶瓷行业受到了不小的冲击。从表1-1、图1-2、图1-3可以看出，自2020年以来，潮州的日用陶瓷的产量直接倒退至2016年，产值甚至倒退至2015年以前；而潮州的卫生陶瓷所受的冲击相对于日用陶瓷较轻，2021年的产量较前一年也只下降了300万件，但产值增加了5亿元。与此同时，从表1-3可以看出2020年，潮州陶瓷出口额直接下滑了14%。总体来看，疫情对潮州陶瓷产业无论是本国的产值还是出口额都造成较大冲击，整个陶瓷行业亟须在当前经济复苏的关键时期进行产业转型升级。

表1-1 潮州陶瓷产量和产值情况

种类	年份	2015	2016	2017	2018	2019	2020	2021
日用陶瓷	产量（万件）	9730	11000	11300	12000	13200	11000	10000
	产值（亿元）	269	275	280	297	325	260	257
	出口额（亿元）	61	66	81	75	89	82	77
卫生陶瓷	产量（万件）	7122	7437	8277	9353	9900	8300	8000
	产值（亿元）	115	120	132	150	157	150	155

注：表1-1依据表1-2中的每年平均汇率换算而得的出口额。

资料来源：根据潮州市统计局2015—2021年潮州市统计年鉴和行业协会数据整理而得。

表1-2 国家统计年鉴人民币对美元的平均汇率（美元=100）

2015年	2016年	2017年	2018年	2019年	2020年	2021年
622.84	664.23	675.18	661.74	689.85	689.76	645.15

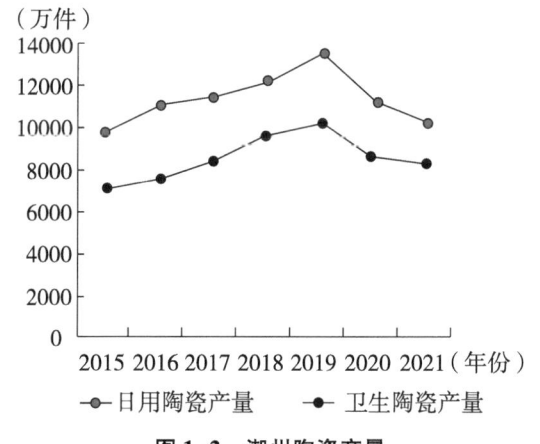

图1-2 潮州陶瓷产量

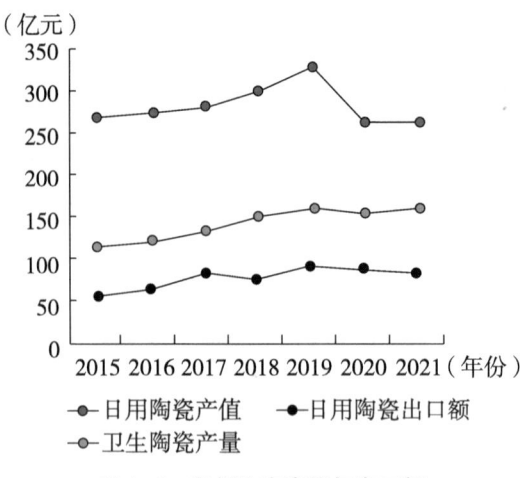

```
         （亿元）
          350
          300
          250
          200
          150
          100
           50
            0
              2015 2016 2017 2018 2019 2020 2021（年份）
              ── 日用陶瓷产值   ── 日用陶瓷出口额
              ── 卫生陶瓷产量
```

图 1-3 潮州陶瓷产值与出口额

表 1-3 潮州陶瓷的出口额及其增长速度

年份	出口额（亿美元）	增长速度（%）
2017	10.60	-1.1
2018	10.62	0.3
2019	71.85	2.5
2020	61.79	-14.0
2021	82.08	32.9

资料来源：潮州市统计局 2017—2021 年潮州市统计年鉴。

历史实践证明，风险与机遇并存。任何一次大危机带来的行业洗牌，都伴随着企业崛起的机会。因此，潮州陶瓷产业应该主动把握机遇，推动潮州陶瓷产业转型升级来应对当前潮州陶瓷的困境。延伸阅读 1-1 介绍了疫情对陶瓷行业的洗牌情况，也为广东陶瓷产业的未来发展指明了方向。综合潮州陶瓷行业的整体情况来看，目前潮州陶瓷行业所面临的挑战主要可以分为三个方面，即企业、产业和政府。而潮州陶瓷产业要想建设成为国家级转型升级示范区，就需要联合企业、产业和政府三个方面协同解决问题。

【延伸阅读 1-1】行业加速洗牌，广东陶瓷未来怎么走？

4月15日，2023年全省陶瓷行业高质量发展大会暨广东陶瓷协会七届二次会员大会在佛山潭洲国际会展中心举行。

广东陶瓷协会秘书长王卫国作《广东省陶瓷行业运行情况和广东陶瓷协会工作报告》时表示，2022年在疫情反复、原燃材料涨价、房地产爆雷等不可抗多因素的叠加影响下，陶瓷企业的生存和发展面临巨大挑战，中国陶瓷行业正面临淘汰落后产能、重新洗牌的大变革。

报告指出，2022年广东省陶瓷企业开窑率创多年来的新低，全省陶瓷行业经济运行下滑明显，陶瓷砖、卫生陶瓷产量分别下降17.2%和12.9%。

总体来看，广东省陶瓷砖产量在2014年达到25.6亿平方米的峰值后，逐年波动下滑，2022年产量仅为峰值的71.8%。

这背后是行业加速洗牌的结果。一方面企业上市、兼并重组步伐加快。比如，箭牌家居于2022年10月在深交所主板挂牌上市；新明珠集团、马可波罗控股分别披露招股书拟上市。"企业积极拥抱资本市场，利于提高企业竞争力、扩大行业影响力"，王卫国表示。

同时，行业加速洗牌，淘汰落后产能。陶瓷生产企业在2021年和2022年两年间减少15家以上，累计减少61条生产线。

报告指出，2022年春节开工后，天然气、煤炭等能源材料价格和坯料、釉料等化工原料价格大幅上涨，经营成本攀升，造成广东省陶瓷企业开工率创多年新低，省内各产区瓷砖企业全年开窑率平均约五成。

由于成本上升造成对利润的压缩，是2023年整体建材行业普遍面临的难题，而陶瓷行业由于需要煤炭、天然气能源进行喷雾干燥、烧窑等，更是面临"成本上升"和"能耗双控"的双重压力。

同时，因疫情反复，线下广交会活动全面停摆，国际市场需求萎缩，运输成本增加，成交阻力加大，造成出口困难大，订单下滑。行业负重前行的同时，坚持高质量发展，加强研发创新，加快转型升级，积极推进绿色制造和智能制造数字转型，节能降耗水平不断提升，国际化进程加速，综合竞争力得到加强。

资料来源：南方+，2023年4月19日，https://finance.eastmoney.com/a/202304192698006195.html.

1.1 企业视角下陶瓷产业转型升级问题分析

1.1.1 理念较差

潮州陶瓷企业的大部分企业家都缺乏忧患意识，对于促进转型升级瞻前顾后、缺乏动力，也缺乏国际视野，没有与国际接轨的眼光等。这是促进潮州陶瓷企业转型升级的障碍之一。延伸阅读1-2进一步分析了在多重挑战和加速洗牌之下，广东陶瓷行业未来该如何走？由于企业家对于转型升级的未来存在较大的未知性，而对于缺乏大局观的企业家来说，支持转型升级意味着企业要承担更多的投入风险，这就导致很多企业家为了规避风险，往往会降低甚至暂停对于企业转型升级的投入。

【延伸阅读1-2】多重挑战和加速洗牌之下，广东陶瓷行业未来该如何走？

"在高质量发展的大背景下，陶瓷行业一方面要参考其他行业在'双碳'和环保方面的先进经验。同时，面对竞争日趋激烈的市场环境，陶瓷企业也要思考如何做好产品研发尤其是创新发展，挖掘多元市场细分的每一个部分，在做好消费体验的前提下，为消费者提供更优质的产品和服务。"广东陶瓷协会会长陈环在总结讲话中表示。

他进一步指出，对于整个行业目前面临的一些困难，大家要及时转变观念、提升认识，把握我国庞大的消费升级的市场需求，拓宽新发展机遇。特别是当前国际形势复杂多变环境下，日用陶瓷企业要积极响应以国内大循环为主体的双循环战略，转变原来只看重出口市场的思维，努力开发国内市场的拓展和消费者服务的延伸。

资料来源：南方+，2023年4月19日，https://finance.eastmoney.com/a/202304192698006195.html。

对此，首先应该开展企业转型升级动员大会，详细介绍转型升级的必要性，同时详细解答企业家们对于转型升级的疑问，为他们打一剂强心针。正如延伸阅读1-3，潮州市委、市政府召开的市民营企业家代表座谈会，政府高度重视解决企业家们关于转型升级的思想包袱。其次，政府可以组织企业家们参观国内外转型升级成功的企业，借鉴交流经验，让他们看到转型升级成功带来的好处。最后，政府应该出台转型升级的鼓励政策，如减免税收、引进专家指导、引进设备企业、建设沟通交流平台等一系列措施，让企业家们转型升级无后顾之忧。

与此同时，伴随着潮州陶瓷行业的快速发展，越来越多的陶瓷企业如雨后春笋般涌现，由于潮州陶瓷中小企业（个体户）太多，企业的内部管理问题日益显露，大部分企业缺乏完整的制度和发展规划，一些想做大做强的企业也曾制定出了系统的规章制度，但企业的员工看着别人拿同样工资的员工没有任何规章制度的约束，心理不平衡，最终会导致大部分员工跳槽的跳槽、辞职的辞职，而率先改革的企业最终只能将刚刚制定的规章制度不了了之。尽管部分企业有尝试招聘有经验的管理人才对企业进行科学管理，但是最终会被潮州本地职工孤立、排挤，最终难以实施。然而，一个企业要想适应快速变化的市场环境，必须有一个健康的内部管理机制才能保障企业可持续发展。例如，企业的生产、营销、财务、采购在缺乏相应的管理力量介入的情况下都会变得非常脆弱，随便一个市场风暴的来临都会导致企业这座大厦摇摇欲坠。因此，这就需要卓越的企业家坚定引入管理人才的信念，面对改革阻力时保持对引入人才的信任以及全力支持管理力量介入的决心。

1.1.2 创新较弱

促进潮州传统产业转型升级，非常重要的一点就是强化企业的创新能力，以创新促进陶瓷企业转型升级。延伸阅读1-4介绍了景德镇艺术陶瓷由于缺乏创新所面临的潜在危机，很值得潮州陶瓷企业借鉴。目前来看，潮州陶瓷企业普遍存在研发创新能力总体薄弱、核心技术及自主产权匮乏和缺乏创新意识的问题。具体来看，潮州企业创新发展面临的主要问题如下。

（1）创新动力不足

由于创新发展需要大量的研发费用投入、研发成果转化周期长，企业承担的风险也相对较大。很多民营企业缺乏自主创新勇气，不敢投入过多的资金进行技术创新、科技研发。在技术使用上往往以引进技术为主，研发投入不足，新产品开发意识不强。目前的潮州陶瓷产业中的科技含量和基础设施建设都相对薄弱，虽然在日用陶瓷和装饰陶瓷方面有一定的成就，但在陶瓷新材料、新工艺方面较为欠缺。需要加强科技创新，促进科技创新与应用的转化，为企业提供强有力的技术支撑。随着新型材料、高新技术的发展，新型陶瓷材料不断涌现，潮州陶瓷企业可以采用新型陶瓷材料，如氮氧化硅陶瓷、高分子陶瓷等，这些新型陶瓷材料具有一些传统陶瓷材料不具备的先进性能和应用特点，并且这也有助于提高潮州陶瓷产业的竞争力。与此同时，潮州陶瓷产业也可以利用科技创新推动陶瓷产业的转型升级。科技创新可以帮助潮州陶瓷产业实现从低附加值产品向高附加值产品的转型升级，从产业价值链低端走向中高端。例如，智能马桶的出现，已经成为陶瓷产业发展的一个新的增长点。

【延伸阅读1-4】缺乏创新是景德镇艺术陶瓷的潜在危机

　　景德镇作为瓷都，艺术陶瓷在国内外一直处在"龙头"地位，这是不可否认的事实。艺术陶瓷如何创新，一直成为景德镇近年来发展推广艺术陶瓷的难题。纵观景德镇艺术瓷器，一直以千年不变的老面孔、老器型、老花面，让消费者感到没有新意。究其根源，是什么让景德镇的艺术瓷缺少创新呢？

　　首先，创作队伍普遍力量单薄。景德镇的艺术瓷创作存在着浅层次的临摹。一些邻县在景的作坊"打工族"和"小老板"甚至有冒名景德镇瓷器的佛山陶瓷，他们的综合素质都不是很高，学画瓷器也只是为了寻求谋生的手段，除了临摹，抄袭别人的作品，自身根本无法创新，这样一来，让许多陶瓷作坊生产出大批粗制滥造的仿制品，以摆地摊的展销方式在国内外兜售，严重影响景德镇陶瓷的形象，使景德镇瓷器遭遇诚信危机。

　　另外，艺术瓷缺乏创新，还有一个关键的问题，就是陶艺界存在一种急功近利的心态。许多人创作时"跟风跑"，谁的作品价高就仿谁。在"银子"的引诱下，一些很有才气的陶艺人员，把陶瓷与绘画过分嫁接，在金钱的驱使中，沉不下心创新，画出的东西也只有跟别人姓。据一位陶艺大师透露，他在某国考察时，发现一富豪收藏的景德镇近代和当代名人名作中竟有 2/3 是赝品。

艺术陶瓷缺乏创新这一潜在危机，绝非危言耸听。在今后的市场内，钟情于时尚陶瓷艺术作品的新一代将逐步成为市场的消费主体，整个陶瓷艺术消费群体也将随着时间的推移而变得更加成熟，这一变化的结果必将使艺术陶瓷的市场格局同步发生巨变，缺少整体创新的艺术陶瓷将会不断失去市场空间。

资料来源：陶瓷信息网《缺乏创新是景德镇艺术陶瓷的潜在危机》，2023 年 3 月 20 日，http://www.taoci52.com/t/14160.html.

（2）创新资金受限

对于多数企业而言，资金来源主要依靠企业自身资本积累、民间借贷等渠道，有限的资金难以保障企业长期创新。融资渠道狭窄、资金短缺已成为民营企业研发投入和科技成果转化的瓶颈。

（3）创新人才匮乏

从总体来看，企业创新技术人才、管理人才和技能人才都较为缺乏。究其原因：一是高层次人才引进的观念不新，部分企业存在轻学历重经验的思想观念，对人才工作认同的是"筑巢引凤"，认为企业做大了才有人才来，而往往忽视了"引凤筑巢"的重要性；二是高层次人才引进的吸引力不强，企业或地方政府现有的政策对高端人才的吸引力不强，侧重于引进人才的薪酬补贴，缺乏对人才引进后持续的创新激励；三是高层次人才引进的政策落地难，虽然潮州市出台了相关的人才引进政策，但政策更多是倾向于机关事业单位，没有真正意义上针对民营企业"招才引智"的政策措施。

（4）创新激励不完善

近年来，虽然扶持民营企业的相关政策相继出台，但是一些政策得不到真正落实、有些政策门槛过高、"可望不可即"等诸多原因都极大地影响了民营企业自主创新的积极性。

1.1.3 污染较重

潮州陶瓷企业生产过程中，原料生产是 24 小时不间断，进而导致白天扬尘、晚上噪声，使得附近居民不堪其扰。此外，陶瓷生产过程中需要消耗大量的矿产资源，消耗煤炭、石化等能源的同时排放出高温烟尘、二氧化碳、二氧化硫等有害气体。不仅如此，生产中还使用了大量的颜料、有机溶剂、塑料彩纸等陶瓷原材料和燃料，在燃烧中产生污染物，而城区范围相对狭窄，大量的陶瓷窑日夜生产，每一个窑炉排放的废气堆积，必然对城市空气环境质量产生较大的影响。

事实上，之前潮州相关部门已经采取了一定的措施，而且也做过调查，并提出重新建立园区的解决方案，把原来所有散乱的原料生产工厂都安置在园区，便于进行统一的管理，而且建立园区能够把环保、安全、扰民等问题全部解决。然而目前来看，园区建设的进程推进十分缓慢。主要原因是选址问题：要不就是土地面积不符合要求无法容纳所有企业，要不就是土地手续问题无法短时间内得以解决。为此，面对当前困境企业必须积极应变，主动作为。在新园区建立之前企业应该根据周围环境和自身生产的特点做好环保预案解决扬尘和噪声问题，防止和避免环保突发事件发生。同时，及时向社会通报相关情况。做好周围群众的思想沟通工作，取得群众理解和支持，同时接受群众监督。就目前来看，潮州陶瓷产业过分依赖原料进行生产、粗放的管理水平、技术水平相对较低、资源消耗高、污染排放过度等问题已经对潮州当地的环境产生了严重的威胁。若是此类环保事件没有引起足够重视，不能得到及时很好的解决，就会引起更大的社会事件，引发更大的社会问题。因此，相关部门和企业必须重视这类问题，并及时采取措施，切实有效地解决问题，才能保证潮州陶瓷产业顺利转型升级，实现健康可持续发展。

1.2 产业视角下陶瓷产业转型升级问题分析

1.2.1 资源较少

当前,潮州陶瓷关于资源少的问题主要是原料、用地和人才三个方面的资源匮乏,制约了潮州陶瓷产业转型升级。

(1) 原料较少

一是原料标准化程度低。一方面,原材料是产品生产的第一个环节,其标准化程度非常低,各陶瓷泥料厂"小散乱弱",造成生产工艺无法统一标准,产品质量参差不齐;另一方面,行业企业生产资源无法整合利用和共享,造成企业间合作减少,只有统一标准才能推动行业的交叉及产区间的合作,最终能够更好地整合产业链。

二是原材料短缺。据了解,潮州地区的陶瓷企业普遍反映,自2020年以来,"黏土瓷土"开采受到环保政策影响,且由于原料紧张,导致原材料价格上涨明显。以潮州当地拥有的优质矿土资源"飞天燕"为例,随着环保政策的不断落实,潮州市及周边地区严厉打击无序开采黏土瓷土、破坏生态的行为,并以雷霆手段予以禁止,最终导致飞天燕开采量急剧下降,甚至一半都要靠外部提供。潮州陶瓷原料短缺、价格上涨以及开采严格使得潮州本地原材料无法支撑整个潮州市陶瓷产业的发展,目前潮州陶瓷原材料80%~90%都要靠从省外或者国外进口。延伸阅读1-5介绍了潮州飞天燕瓷土矿及瓷土堆放点整治工作汇报会的召开情况。

> **【延伸阅读1-5】动真格整治瓷泥行业乱象 出实招推动陶瓷产业升级**
>
> 2022年11月11日,飞天燕瓷土矿及瓷土堆放点整治工作汇报会召开。市委书记何晓军强调,要瞄准痛点堵点破题发力,动真格整治瓷泥行业乱象,出实招推动陶瓷产业升级,朝着产业链价值链高端迈进。
>
> 何晓军指出,作为"中国瓷都",潮州制瓷工艺精湛,千年窑火生生不息,是全国最大的日用瓷和卫生洁具出口基地。但目前瓷泥行业存在"小散

> 弱乱"、污染环境、偷税漏税等问题，严重掣肘了陶瓷产业乃至全市经济的高质量发展。要以打好"历史遗留问题解决"战役为契机，紧紧扭住"瓷土"这一陶瓷产业"生命之源"，坚持系统治理、源头治理、综合治理，上下同心推动瓷泥产业规模化、集约化、高端化发展，瞄准更高目标重塑陶瓷全产业链，努力掌握陶瓷行业话语权。全方位掌握潮州市现有瓷土资源分布和储量开发情况，寻找一批品质优、可供开发利用的瓷土矿，加强矿产资源勘探开发项目可行性研究和科学规划，为潮州陶瓷产业提供更多坚实保障。
>
> 资料来源：潮州新闻网，2022 年 11 月 12 日，http://www.chaozhoudaily.com/detail/256767.

三是废料循环利用率低。据不完全统计，仅潮州陶瓷产区，各种陶瓷废料的年产量已经超过 50 万吨。尽管如此，日用陶瓷行业却未能好好地利用这么多的废瓷废料，大部分的小企业都是采用填埋方式处理废瓷，对于处理陶瓷废料资源缺乏有效措施。保护环境，限制开采，生产工艺标准统一是大势所趋。如何解决当前潮州陶瓷不仅原料短缺而且难以提高废料利用率的困境？如何统一陶瓷生产工艺，推进各企业资源整合？这一系列的问题都让正处于转型升级过程中的传统行业陷入始料未及的巨大困境。

（2）用地较少

产业发展用地紧张，企业用地不足，是制约潮州陶瓷产业转型升级的另一难点。随着潮州陶瓷产业发展壮大，用地需求越来越大，用地紧张问题日益突出（图 1-4 展示了潮州市陶瓷企业用地面积占比）。可见，潮州陶瓷企业的产业发展用地十分紧张，入驻省级工业园区的企业仅仅占有 1% 的比例，约 2/3 的企业发展用地小于 3333 平方米。企业用地不足极大地制约了潮州陶瓷产业转型升级。

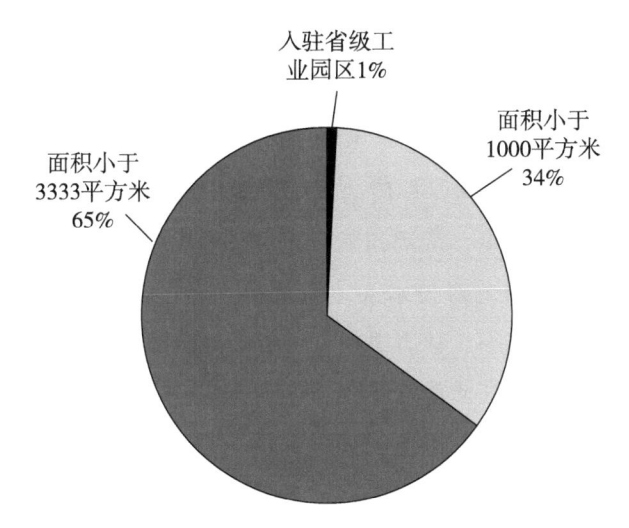

图 1-4 潮州企业用地面积占比

资料来源：根据潮州陶瓷行业协会数据整理而得。

针对潮州当地出现的发展用地紧张的问题，主要原因有：一是陶瓷企业用地规划布局不合理。当前潮州市多数陶瓷企业都是采用租赁方式建设厂房，占用了大量的基本农田或建设用地。同时，由于规划不完善和历史遗留问题的影响，现有一些陶瓷产业园区和陶瓷项目建设用地未纳入国家土地规划管理，影响了项目用地指标落实。二是政策缩紧用地审批。根据自然资源部《关于加快推进"三调"工作的通知》，目前已不再受理"三调"项目用地报批，而以土地利用总体规划为依据确定的项目用地规模由省级审批。因此，企业获得建设用地的难度加大。三是部分陶瓷企业未取得合法证照即开始生产经营活动。按照相关规定，陶瓷企业需要取得《建设用地批准书》才能合法地开展相关生产经营活动。因此，在当前形势下如何利用好土地这一宝贵资源为发展潮州特色支柱产业服务已经成为一项迫切需要解决的问题。

（3）人才较少

功以才成，业由才广。延伸阅读 1-6 是《光明日报》发表的关于人才"带土移植"更须"厚土培植"的文章。文中提到，培养造就大批德才兼备的高素质人才，是国家和民族长远发展大计，也是决定一个地方经济社会发展和科技创新水平的关键因素。小到一枚芯片、一个轴承,大到一台盾构机、一艘远洋船舶,都凝聚着无数科技创新的专利成果,都依赖于高科技人才的集智攻关。面对推动高质量发展、构建新发展格局的新要求,高科技人才越发成为各地竞争的关键变量,如何"栽下梧桐树,引来金凤凰",则考验着潮州市招才引智的能力水平。从潮州陶瓷企业转型升级的情况来看,尽管很多潮州地区的陶瓷企业目前对技术人才需求很大,但是招不到也留不住人才,而且潮州人才引进规模小、学历层次低、专业结构不优以及引才活动"小散少"等问题制约潮州市高质量发展。

  人才问题的存在主要有以下三个原因:一是尽管潮汕地区是比较传统的制陶文化之乡,但是由于当地很多年轻人无法适应陶瓷产业对技术人才和研发人才的需求,都选择了去外地发展。二是潮州陶瓷行业受中小规模限制,整体发展缓慢,提供不了好的工作环境和待遇。同时,2020年前潮州没有一家与陶瓷产业相关的正规高水平技术研发中心,目前也只有一家韩江实验室,远远不能满足千余家陶瓷企业公共研发平台的需要,导致难以招聘和留住人才。三是本地大学生也不愿意留在潮州从事陶瓷行业工作,而愿意选择陶瓷行业的人才基本上都去到几家待遇不错的大公司。以韩山师范学院为例,该校培养的陶瓷设计专业的学生,没有一个留在潮州工作,大多数去了珠三角。该校学生说:"虽然我们学习的是陶瓷设计专业,但是大多数人毕业后都会转行。这个专业在潮州的实习工资每月只有4000元,而在珠三角却是8000元。"据统计,高校向陶瓷行业输送的人才越来越少,尤其是在新材料开发方面。因此,潮州地区陶瓷企业的技术人才和研发人员每年仍在不断扩招。综上所述,要发展壮大陶瓷产业,振兴区域经济,潮州陶瓷企业必须把重视人才、善用人才、培养人才、留住人才放在重要位置。

> **【延伸阅读1-6】人才"带土移植"更须"厚土培植"**
>
>   近日,地方两会相继闭幕,各地出台的人才政策"争奇斗艳"。其中,广西和辽宁均提到人才引进的"带土移植"。言外之意,是希望把高端人才与创新项目和团队捆绑在一起,让引进的人才能尽快适应环境、发挥专长,为地方突破技术瓶颈、转化科技成果、赋能高质量发展发挥更大的效力。

功以才成，业由才广。培养造就大批德才兼备的高素质人才，是国家和民族长远发展大计，也是决定一个地方经济社会发展和科技创新水平的关键因素。小到一枚芯片、一个轴承，大到一台盾构机、一艘远洋船舶，都凝聚着无数科技创新的专利成果，都依赖于高科技人才的集智攻关。面对推动高质量发展、构建新发展格局的新要求，高科技人才越发成为各地竞争的关键变量，如何"栽下梧桐树，引来金凤凰"，则考验着各地招才引智的能力水平。

必须指出的是，人才"带土移植"，不能也不应异化为"挖墙脚"。多年来，我国人才流动的现实格局表明，在一些人才项目的恶性竞争中，受伤的往往是中西部地区。推动人才"带土移植"模式良性发展，应当立足本地经济和科技的比较优势，通过将"揭榜挂帅"与"带土移植"相结合的形式，精准筹划与产业转型升级相配套的人才政策。例如，广西在汽车、机械制造、种业创新等领域积累了比较优势，辽宁在装备制造、精细化工、高端金属新材料、现代海洋产业等领域发展势头强劲，都迫切需要对制约产业转型升级的关键核心技术进行集智攻关，"带土移植"的人才引育模式就显得非常"解渴"。两地不仅打通人才团队引进的渠道，还通过支持本地科研机构和平台，在粤港澳大湾区、长三角城市群等创新资源密集地设立"人才飞地"和"创新飞地"，开辟了集聚优质创新资源的直通车。

从这个意义上说，人才"带土移植"，更须"厚土培植"。通过优化人才的"引育留用"生态，有针对性地将科创人才、知识资源和企业的技术创新体系连接起来，促进复杂技术成果的快速高效转化和持续创新。对于引进人才的地方来说，既要优化整合政策、团队、项目、技术、资金要素，为人才团队培育良好的发展环境，以识才爱才敬才用才的"磁场"拴心留人；又要发展高效强大的共性技术供给体系，提高科技成果转移转化成效，真正将人才团队的活力和能量激发出来。

资料来源：光明日报网，2023年2月23日，https://baijiahao.baidu.com/s?id=1758551476035061861&wfr=spider&for=pc.

1.2.2 规模较小

潮州陶瓷企业一直普遍存在较"多、杂、小、弱"的问题。整个产业链大部分企业都属于中小微型企业，企业自身资产总额不高；企业结构不合理，产业集中度低，大企业不强，小企业不精不专；除了少数几个大企业具有一定的知名度，整个潮州陶瓷行业无明显龙头企业，因此企业的品牌意识淡薄、公益投入少，抗风险能力较弱。

（1）企业布局散乱

主要表现在企业的分布范围广泛，没有形成集聚效应。潮州市陶瓷产业主要分布在潮安区、饶平县和揭东区等地，其中潮安区是潮州市陶瓷产业的主要集聚区。但是，由于各个区域之间的距离较远，交通不便，导致企业之间的联系不够紧密，难以形成规模效应和集聚效应。此外，由于陶瓷行业的特殊性质，企业之间的竞争比较激烈，很难形成合作共赢的局面。

（2）规模小竞争弱

这是潮州陶瓷企业面临的另一个问题。目前，潮州市陶瓷产业中规模较大的企业不多，大部分都是中小微型企业。这些企业生产规模小、技术含量低、产品品质参差不齐。小企业受资金和规模的限制，硬件设施往往远远落后于大型企业，相应的软件，诸如企业文化、企业管理理念和手段等也落后于大型企业，对上下游产业带动作用非常小。由于生产规模小，很难形成规模效应；由于技术含量低，产品品质参差不齐；由于产品品质参差不齐，很难形成口碑效应。因此，在市场竞争中处于劣势地位。

对此，需要一方面支持企业多层次资本市场融资发展扩大企业规模，设计企业结构，提高产品品质；另一方面大力支持企业"小转中，中转规上，规上转上市"，并努力在上市企业中找到行业标兵发挥领头羊作用，为中小企业扫平前行障碍。

1.2.3 标准较劣

行业标准其实是整个行业发展的保障，也是整个陶瓷行业的支撑之一。

没有明确的行业标准和国家标准会使部分企业在宣传过程中钻法律法规的漏洞，误导消费者消费，进而扰乱整个陶瓷行业的秩序。

(1) 市场鱼目混珠

目前，我们可以在市场上看到几乎每个陶瓷产品都标着"优等品"和"一等品"的字样，可是由于各个企业的标准不统一，所以消费者容易混淆，在这些产品面前显得无所适从。当消费者买到某种质量较差的"优等品"时，会感到被欺骗，利益没有很好地被保护，这在一定程度上不利于陶瓷产品市场的健康发展。因为消费者一旦购买了这样的产品，就会对所谓的"优等品"产生怀疑，进而对整个潮州陶瓷产品产生怀疑，这不利于潮州陶瓷品牌的建立。

(2) 缺乏行业领先标准

目前整个陶瓷行业的标准有100多个，但潮州参与的只有50多个。而且潮州陶瓷行业尚未参与行业领先标准制定，在整个陶瓷行业还没有行业领先标准制定的话语权。对此，需要加强对潮州陶瓷行业的支持，推动企业加强技术创新，提高产品质量和技术含量，制定更高的行业标准，争取获得陶瓷行业领先标准的话语权，推动潮州市陶瓷行业向更高端、更精细、更专业的方向发展。

值得欣慰的是，相关国际标准认证已在潮州陶瓷产区中普及。目前已有近千家企业通过ISO 9000和ISO 14000等方面认证、输美日用陶瓷生产认证和出口日用陶瓷认证企业数已达到200多家（占国内同类认证的50%）。有近百家企业通过欧盟、澳大利亚等国家和地区的产品认证，相关国标标准认证的数量居国内同类产区的首位。但这也是造成潮州沦落为国际国内知名品牌加工厂的重要原因，直接后果就是潮州无法打造出自己的知名品牌，也无法擦亮"中国瓷都"这一品牌。

综上所述，潮州陶瓷要想做大做强首先应该对潮州自身的产业做一个系统的规划，然后以潮州陶瓷协会牵头联合各个利益相关者，共同建立引领整个行业的共同标准，并监督约束企业按标准执行。这不仅有利于在消费者心中打造潮州陶瓷名片，而且有利于提高整个行业的生产技术水平和潮州陶瓷企业的核心竞争力。

1.3 政府视角下陶瓷产业转型升级问题分析

1.3.1 政策较缺

尽管潮州政府不断加强陶瓷产业转型升级的支持，但是总体来看，相关政策还是较为匮乏。

(1) 转型升级配套政策缺失

产业转型升级政策是一项复杂而又综合性强的大工程，因此以政府为引导的产业转型升级政策应是一个持续、动态的过程，需要在实施中不断总结和完善。近年来，国家发展改革委、工业和信息化部等部门在产业转型升级政策制定和实施中，形成一套较为完善的政策体系，包括《"十二五"国家战略性新兴产业发展规划》《关于加快推进陶瓷产业发展的若干意见》《关于推进中国中部地区传统陶瓷产业转型升级的指导意见》等。就潮州陶瓷产业发展现状看，潮州以陶瓷为主导产业，其在国家产业政策扶持下，虽然已经逐步形成一定规模的工业陶瓷企业集群和陶瓷特色产业基地。但是，由于受政府支持力度不够以及产业配套体系不完善等因素影响，潮州目前已有的陶瓷企业中存在规模小、布局散、配套少等问题。

(2) 政策缺乏整体战略规划

潮州市政府根据广东省产业转型升级相关文件要求，结合实际发展情况制定了一系列政策文件，如《潮州市推动陶瓷产业高质量发展实施方案》《潮州市打造千亿陶瓷产业集群行动方案》《潮州市陶瓷产业转型升级技术路线和行动计划（2016—2018年）》《潮州市陶瓷产业做优做强实施意见》等专项扶持政策，但是政府尚未出台其他的后续政策支持，没有为转型升级的未来发展制定战略规划。尽管千亿陶瓷产业集群项目提出相对较为详细的目标，但是大部分只能称之为工作方案，只停留在报告、建议的层面，未能上升到政策执行层面。大部分转型升级的配套扶持政策还有待完善，尤其是在税收政策、财政政策、土地政策、人才政策、企业帮扶政策等，类似问题在其他陶瓷产区也同样存在。因此，未来要将产业转型升级与长远发展相结合，制定符合潮州陶瓷产业长远发展的规划，建立完善的保障体系。

1.3.2 配套较难

潮州地区的陶瓷产业相关配套设施虽然在不断完善但总体能力相对滞后，而陶瓷产业配套能力主要体现在劳动力、上下游产能和基础设施等方面。目前来看，潮州地区的产业配套问题主要还是燃气价格问题和设备企业引进的相关问题。因此，产业配套能力差成了潮州产业转型升级继续推进的一个重大障碍。

(1) 天然气价格问题

目前，潮州陶瓷整个制作过程都要用到天然气，燃气成本占企业生产总成本30%左右。虽然潮州市政府曾提出企业仅需要支付18元/立方米，超出部分由政府买单。但尤其是2022年2月份以来，受国际地缘政治冲突、复工复产和气温骤降等多重因素影响，国内、国际液化天然气价格持续飙升，加之企业用气量大增，地方政府财政紧张无力兑现，天然气价格居高不下，企业短时间内无法做到降低燃料成本。为此，潮州当地陶瓷企业纷纷呼吁有关部门尽快出台天然气价格优惠政策。

(2) 缺乏制造设备企业

高端制造业对于推动潮州市经济转型升级、优化产业结构起着十分重要的作用。潮州陶瓷产业要做大做强，离不开高端制造设备支撑引领。目前来看，潮州企业的制备落后且生产效率较低。一方面，生产工艺复杂，工序多，绝大部分企业是半手工半机械化，劳动密集型生产；另一方面，尽管烧制窑炉自动化装备水平与国际水平接近，但是成型、釉线等装备低于国际水平，其中企业规模也限制了其先进装备的应用，而且智能化设备研发起步晚，整体水平较低。因此，潮州陶瓷企业离真正实现生产数字化和智能化遥遥无期。

针对配套难的一系列问题，潮州陶瓷行业急需引进一批专门做设备的企业用于服务整个陶瓷产业的发展。与此同时，潮州的自动化程度也受制于厂房的不规范,因为自动化设备要求它从建设就要有一个科学合理的规划,要是盲目地引进缺乏整体性和规划性,最终会导致设备重复引进或者无法投入使用等问题。因此,在引进设备企业时也要从全局出发,考虑清楚已有什么设备企业、缺乏什么设备、转型升级的未来需要什么等一系列问题。

【延伸阅读1-7】多因素致潮州工业天然气价格上升

近段时间,不少市民反映潮州工业天然气价格涨幅较大,给各行各业带来了不同程度的影响。那么,工业天然气的价格为何会上升?相关单位对此有何看法和措施?接下来工业天然气的价格走势如何?为此,记者向潮州深能燃气有限公司(以下简称潮州燃气)了解情况。

记者:当前,我市工业天然气价格涨幅较大,原因是什么?

潮州燃气:上游气源采购价格高企致终端用气价格攀升。

记者:我市天然气供应能力如何?

潮州燃气:燃气企业承受的保供及成本压力大。

记者:面对天然气涨价的市场行情,潮州燃气采取了哪些应对措施?

潮州燃气:加大力度稳定终端供应满足下游用气单位需求。

记者:您如何看待天然气价格走势?

潮州燃气:工业天然气价格大概率维持在高位徘徊。

记者:如何有效地应对取暖季天然气涨价的现象?

潮州燃气:管道气来源将多样化终端企业用气成本降低。

资料来源:潮州新闻网,2021年11月5日,http://www.chaozhoudaily.com/detail/250125.

1.3.3 品牌较缺

潮州市陶瓷行业有悠久的历史,然而从全球多个陶瓷品牌来看潮州陶瓷还未形成自己的名片,未能形成品牌效应。

(1) 缺乏潮州陶瓷名片

潮州作为中国陶瓷出口量最大的地区、最大的卫生洁具生产基地、最大的电子瓷基板生产基地，仍未形成品牌效应。例如，潮州日用陶瓷产量就占据了全球市场的6.5%。我们在访谈中（详见附录6）得知，潮州企业生产出了一个产品，知道是中国产的，但不知道是潮州产的，更不知道是哪个企业产的尴尬现象。大部分企业走进了品牌建设的误区，以为只是需要注册商标就是建设品牌而忽视了品牌文化、品牌价值，无法真正在消费者心中建立起品牌形象；甚至有的企业多以贴牌生产为主，利润空间狭小[①]。

（2）品牌建设问题原因

潮州陶瓷地域品牌认知度不高，原因主要有：一是缺乏全局观念。潮州市的陶瓷企业主要局限在战术层面，仍然满足于工业制造的路线，而缺乏从产品研发、渠道建设、包装、宣传、策划、推广、反馈等整个链条发展的思路[②]。二是产品的附加值低。潮州陶瓷在很大程度上满足于实用，无法迎合现在的消费观念，更多是仅仅在售卖陶瓷产品，而不是像国际品牌一样，售卖生活品位、生活方式、消费观念等。三是潮州陶瓷企业规模小。品牌建设是一个长期、持续投入的过程（如图1-5所示），这就需要企业具备一定的规模和实力才有大量的资金投入在品牌建设方面，而潮州的陶瓷企业多存在"小、零、散、弱"的现象。数据显示，全市6000多家陶瓷企业中，年销售收入过亿元的龙头企业仅有8家，规上企业仅有300多家，占全部陶瓷工业单位比重不足6%（数据截至2021年12月）。四是缺乏本地注册媒体。潮州现在没有一家潮州本地注册的陶瓷专业媒体，只有一个《潮州日报》，无法实时、有效、全面地对潮州本地的陶瓷企业进行报道，这对潮州陶瓷品牌的发展有很大的限制。五是缺乏系统的营销策略。潮州陶瓷产业发展面临的问题主要还是缺少自己的品牌和营销策略。在国内陶瓷产品同质化严重、缺乏差异化竞争等情况下，潮州陶瓷企业应根据自身特点进行差异化经营。六是潮州企业家性格。潮州企业家的性格是低调、内敛的，闷声发大财，他们善于把问题总结、归纳并解决，具体问题具体分析。因此，也造成潮州人在企业对外宣传这一块具有一定的劣势。

[①] 邱镇沪，章瑞歆. 发展潮州陶瓷产业之我见［J］. 陶瓷科学与艺术，2008（1）：56.
[②] 陈文毅. 闽清县政府推动陶瓷产业转型升级研究［D］. 福州：福建农林大学，2018.

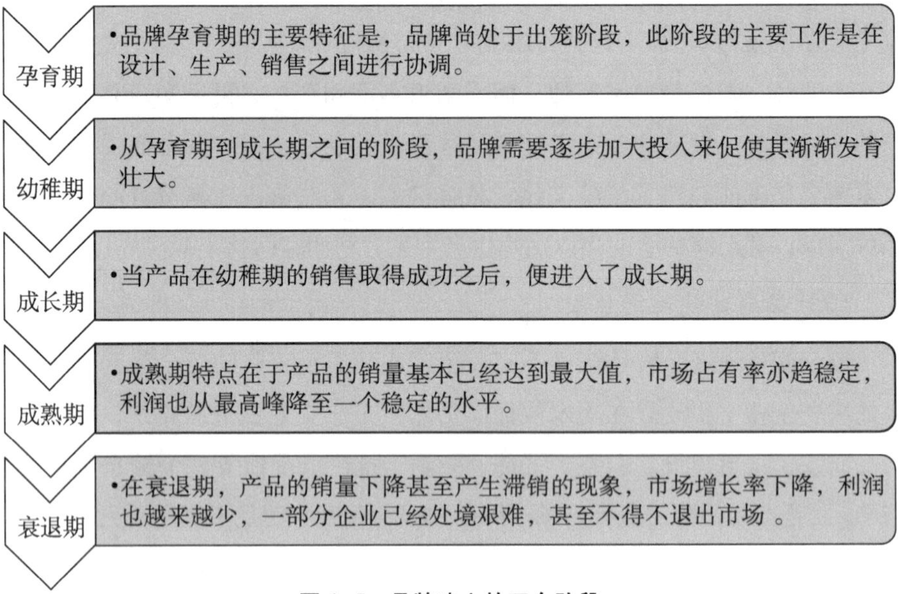

孕育期	品牌孕育期的主要特征是，品牌尚处于出笼阶段，此阶段的主要工作是在设计、生产、销售之间进行协调。
幼稚期	从孕育期到成长期之间的阶段，品牌需要逐步加大投入来促使其渐渐发育壮大。
成长期	当产品在幼稚期的销售取得成功之后，便进入了成长期。
成熟期	成熟期特点在于产品的销量基本已经达到最大值，市场占有率亦趋稳定，利润也从最高峰降至一个稳定的水平。
衰退期	在衰退期，产品的销量下降甚至产生滞销的现象，市场增长率下降，利润也越来越少，一部分企业已经处境艰难，甚至不得不退出市场。

图 1-5　品牌建立的五个阶段

第 2 章 潮州陶瓷产业转型升级路径分析

潮州陶瓷作为典型制造业,现已面临多种转型升级困境。以《中国制造2025》[①] 为指导创建国家级陶瓷产业转型升级示范区,发挥潮州陶瓷产业现有优势,主动对接国家重大战略,以企业优化为基、产业兴盛之路,建设国家级陶瓷产业转型升级示范区,不仅是促进陶瓷产业提质增效的关键,也是实现《中国制造2025》的潮州举措。

2.1 企业路径

企业是潮州产业组成的关键环节。打造潮州陶瓷产业转型升级示范区,一是要通过提升企业家精神扭转原先相对保守的理念;二是要锻造潮州创新体系,并在创新的产品上赋予文化内涵。

2.1.1 提升企业家精神

(1) 企业家精神是潮州陶瓷企业转型升级的基石

企业家精神是企业的人格化象征,是企业价值增长的重要源泉,是经济增长的原动力。从潮州陶瓷产业转型升级的堵点难点不难看出,潮州企业家现代化企业管理和转型升级理念相对较差,导致多种管理问题频发。事实上,企业家理念差的原因归根结底是企业家精神的匮乏。有研究表明,企业家精神的匮乏将限制企业的发展,甚至会导致企业破产。因此,培育企业家精神,对于建立良

---

① 《中国制造2025》是国务院2015年5月8日的实现制造强国的战略目标,它强调我国制造业要实现制造业素质的大幅提升。详见 https://www.gov.cn/zhuanti/2016/MadeinChina2025-plan/mobile.htm#。

好的企业文化、发展壮大企业甚至提升整个产业示范区竞争力都具有重要意义。基于潮州陶瓷企业现状，如何实现本地企业的"走出去"与外地企业的"引进来"将是创新企业家理念的关键。

（2）"走""引"结合，拔高精神

所谓的"走"是指潮州企业家要通过与国内外先进企业开展交流对话，通过实地考察、产业协作等方式，学习借鉴吸收国内外同行企业好的做法，逐步改善观念认知，实现视野上的开阔、理念上的提升，从而打破理所当然，破解制度依赖。而"引"则强调通过依托潮州陶瓷协会，潮州本地企业家个人网络、政府等平台招商引资，吸引国内外陶瓷相关企业、海外潮商等进军潮州陶瓷产业。以引入外地企业，唤醒本地企业家竞争意识，引入新文化、新知识加速体制改革，打破企业家观念的自身"锁定"，重塑潮州企业家精神。可见，提升潮州企业家精神的关键在于培养开阔视野的同时营造竞争的氛围（如图2-1所示）。

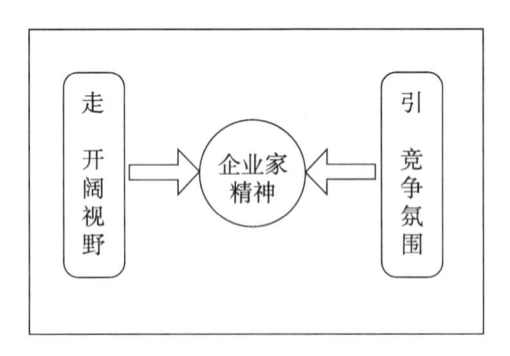

图 2-1 企业家精神提升

2.1.2 深耕企业创新

（1）创新是走好潮州陶瓷企业转型升级的关键之举

从延伸阅读2-1可以发现，创新对潮州三环集团的成功至关重要。但据前文潮州陶瓷产业堵点难点"创新较弱"章节可知，潮州其他企业创新相对较弱。因此，打造涵盖政府机构、企业集团、高等院校、研究机构与目标用

（2）政策保障，助企纾困

政府是产学研稳步发展的保障，企业进行创新需要政府营造出良好的政策环境和创新氛围。这不仅要求政府针对企业薄弱环节颁布政策扶持条款，还要求实施有效措施将政策落于实地。具体而言，政府应发挥好"有形的手"作用，加强宏观调控，优化资源配置，并在颁布政策法令的同时，在企业内部开展政策讲座，通过对扶持政策的细节进行讲解打通信息壁垒，帮助企业深入理解政策内容享受政策红利，为企业发展提供良好的内外环境。

【延伸阅读2-1】潮州三环集团的崛起之路

潮州三环（集团）股份有限公司成立于1970年，是一家致力于研发、生产及销售电子基础材料、电子元件、通信器件等产品的综合性企业。

公司文化——理念引领

三环集团先进理念带领三环蒸蒸日上。三环集团秉承以人为本的管理理念，形成"诚信勤勉、科技创新、成就人才、开放融合、行稳致远、追求卓越"的企业价值观。从人才培养、职业操守、成本效益、法规制度、资源共享、质量第一、服务用户、团队精神等多方面诠释三环的人文内涵。

高速增长——科技创新

科技创新对潮州三环集团发展大有裨益。据1977—2022年潮州三环集团利润额变化表可知，潮州三环集团自2007开始实现经济高速增长（如图2-2所示）。回首潮州三环集团发展史，其在2007—2022年成立1处博士后科研工作站、2处研究院，并共计进行了6项高科技研发（如图2-3所示）。可以说，潮州三环集团的崛起离不开创新。

图 2-2 三环集团营业收入变化

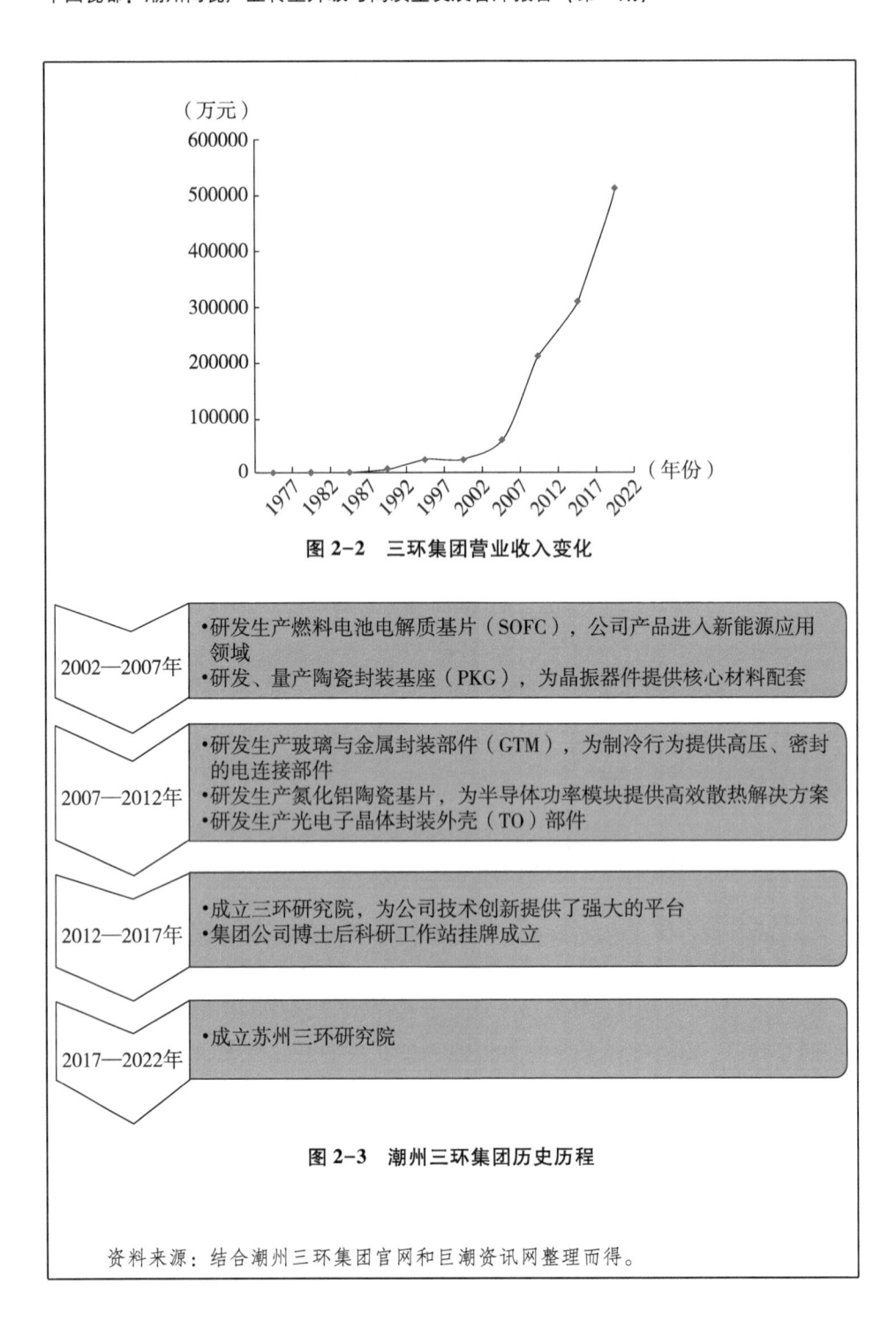

2002—2007年	• 研发生产燃料电池电解质基片（SOFC），公司产品进入新能源应用领域 • 研发、量产陶瓷封装基座（PKG），为晶振器件提供核心材料配套
2007—2012年	• 研发生产玻璃与金属封装部件（GTM），为制冷行为提供高压、密封的电连接部件 • 研发生产氮化铝陶瓷基片，为半导体功率模块提供高效散热解决方案 • 研发生产光电子晶体封装外壳（TO）部件
2012—2017年	• 成立三环研究院，为公司技术创新提供了强大的平台 • 集团公司博士后科研工作站挂牌成立
2017—2022年	• 成立苏州三环研究院

图 2-3 潮州三环集团历史历程

资料来源：结合潮州三环集团官网和巨潮资讯网整理而得。

（3）企业为主，学研融合

企业是自主创新的主体，是技术创新活动的具体作用者，是联系高校与科研机构的中介。在产学研的协同过程中，要发挥好企业主体的作用，即企业自身首先要摆正态度，摆脱对外来工艺技术、设备流程的依赖，完善自我体系，避免"卡脖子"。此外，要明确企业、高校和科研机构在创新中的作用，即高校主要进行知识创新，科研机构偏向新模型等关键技术的研发创新，但其最终成果需转化为企业的产品创新（如图 2-4 所示）。因此，潮州陶瓷企业应在摆脱对外部的依赖，完善自身创新发展体系的基础上，与韩山师范学院等高校开展合作，对接相关专业构建与产业相匹配的技工教育及技能培训体系，培养高层次研发人才和后备人才，并聘请对口专家参与研发过程上传原始创新理念于共性技术平台。其次，企业通过原始设想寻找对口科研机构进行委托，从现实路径出发把"好知识"变成"好用的知识"，实现创新由知识创新到研发创新，最终到产品创新的转化。

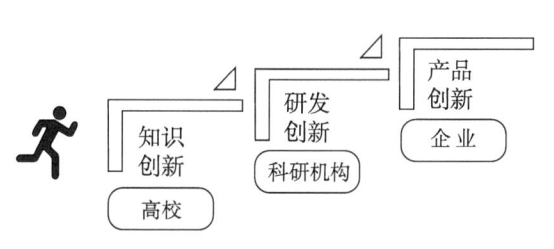

图 2-4 创新转化

（4）用户至上，明晰方向

企业要理解"用"的两层含义：一是指目标用户。在产学研合作中，协同创新的落脚点应当放在目标用户的需求上，使协同创新成果有针对性和实用性。二是指应用。实践证明，任何新的技术成果，只有通过应用才能转化为现实生产力，从而为企业发展增速。因此，企业要依托技术平台，邀请用户加入产学研创新过程，其目的不仅是要分析目标用户需求（即市场），更要使用户和广大消费者能够介入产学研协同创新过程中，使用户需求真正成为企业创新的目标。如此，让目标用户在介入创新过程从而提出改进意见，使用户成为协同创新机制的主体之一，而不是被动的分析对象。

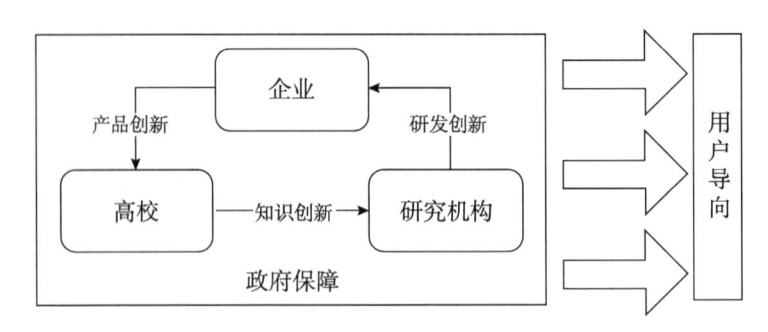

图 2-5　"政产学研用"合作模式

总之,"政产学研用"合作模式(如图 2-5 所示)是由政府政策保障,在产学研方面强强联合,以客户需求为产出导向打造的潮州陶瓷企业转型升级创新枢纽。

2.1.3　厚植潮州文化

(1) 文化是助力陶瓷企业转型升级的重点

将本土文化注入陶瓷产品不仅可以助力潮州陶瓷产业的发展,而且对弘扬潮州文化大有裨益。近年来,以故宫文化为主的文创产品,因其寓意深厚的文化内涵和令人耳目一新的设计形式,受到广大消费者的追捧。这一成功也为各企业依托产品革新,筑牢品牌支撑提供了一条可发展之路。事实上,各式陶瓷文创早已层出不穷,典型代表有德化和景德镇的陶瓷系列文创产品(见表 2-1)。素有"中国瓷都"美称的潮州拥有悠久的文化,如何依托潮州悠久的历史文化打造陶瓷系列文创产品,将是淬炼潮州陶瓷品牌,弘扬潮州本土文化的必经之路。

表 2-1　陶瓷文创

	德化陶瓷	景德镇陶瓷
文创作品	冬奥会"冰墩墩""雪容融"、兔年生肖瓷、金马车系列陶瓷文创、心经杯等	福如意、喜上眉梢、十二月花神套组等

续表

	德化陶瓷	景德镇陶瓷
文创园区	中国白·德化瓷文创园、德化臻峰陶瓷文化创意园、红旗厂陶瓷文创园等	景德镇陶溪川陶瓷文化创意园、国际陶瓷文创小镇等

资料来源：结合德化政府网、景德镇政府网和景德文旅公众号"创建东亚文化之都｜文创产品 把博物馆文化带回家"整理而得。

（2）文创产品的研发要以精美的设计转译优秀的文化

文化的特质是抽象的，无法直接表达。文创产品的设计就是利用有形的产品，表达无形的文化。常言道，一件拥有灵魂的作品是造境写意的结合。即文创产品的开发设计离不开"达意"与"传神"两步。一是以形达意，展示潮州文化内涵。产品与文化结合不是照抄、照搬，而是利用设计融合本土文化。潮州陶瓷产业要在撷取本土文化精髓的基础上，避免符号化，提高文化识别度。企业应通过挖掘潮州陶瓷本土文化与现代设计的契合点，完善潮州古文化与现代陶瓷产品的意形结合，在力求传承和发展传统文化的基础上，达到古为今用的目的。二是以物传神，秉承本土文化寓意。心理共鸣因素与消费者购买冲动之间有着极其紧密的作用和联系，一件产品要想获得用户的青睐，就要与消费者实现情感上的共鸣。三是依托但不拘泥于潮州文化，潮州文化相对小众，因此岭南文化、广府文化均可以成为陶瓷文化创意的着眼点。对此企业要依托潮州现有艺术大师，"工匠"的过硬技术，遵循产品功能的需要，融入相应的文化寓意，从而与消费者实现情感上的共鸣。而产品的本质是商业，商业的实质是消费，即产品还需要满足市场。

（3）文化创意的研究方向要以客户需求为导向

一个好的作品不仅要与文化融合，在精神上实现感情共鸣，还要满足实用性来吸引大众的胃口。如今商品琳琅满目，同类商品更是不胜枚举，使消费者的眼光越发挑剔，要求日益增多。潮州陶瓷系列文创产品想要在一众产品中脱颖而出，就需具备时代化、标准化。时代化指让生活趣味注入文创产品。通过适当结合文化属性，再加之功能性、创意性协调，使潮州本土文化找到持续生长的内在力量，积极融入现代发展轨迹。让文化的古朴沉稳气质与文化创意产品的时尚活泼气质完美融合。标准化指严把陶瓷系列文创产品质量关。只有高标准才有高质量，标准不仅是提升产业竞争力的重要手段，更是锻造优质品牌的支柱。

总之，以潮州文化为主的陶瓷系列文创产品，要实现传统文化、审美追求、商业导向"三位一体"的结合方式（如图2-6所示），真正打造具有潮州特色的陶瓷产品。

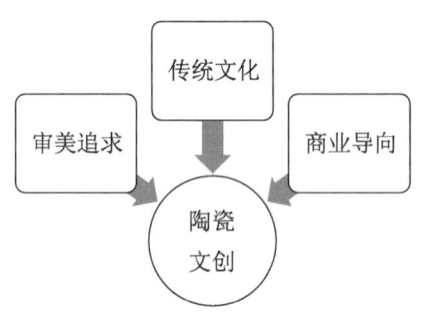

图2-6 "三位一体"打造陶瓷文创

2.2 产业路径

企业是产业链的一个环节，现今市场竞争越发激烈，单一企业无法应对，所以建立起网络状的产业集群必不可少，其不仅可以助推企业发展，也能有效地带来集群效应。

2.2.1 聚焦产业集群

打造产业集群是构建陶瓷产业转型升级的必然选择。从前文潮州陶瓷产业堵点难点"规模较小"章节可知，潮州现有企业普遍存在"多、杂、小、弱"的问题，其大企业不强、小企业不精的现状严重阻碍了整个产业的发展。因此，要实现产业转型升级，就要破解潮州陶瓷企业"大而全，小而全"的现状，筑牢上市企业为"龙头"，规上企业为"两翼"，中小微企业协同发展的产业布局。

(1) 打造协同发展产业布局

上市公司要勇于担当"链主龙头"以点带链，带动产业链整体提升，具体而言，通过对非核心业务进行剥离，积极向中小微企业发布产业链、供应链需求，培育一批产业链配套企业，来摆脱现实企业组织边界，形成"虚拟企业"与"扩展企业"，从而降低企业自身生产成本，节约资金投资基础建设研究，强化自身优势与市场竞争力；规上企业要主动与上市企业开展长期合作，通过项目共享、产业共建、商业联盟等形式，依托龙头企业资源、信息、技术优势，大力发展自身专长，淬炼自我本领，攻克关键技术，为孵化新生龙头奠基；中小微企业要以精细求精通，利用为龙头企业提供配套加工服务所赚取的稳定收入，瞄准上市企业与规上企业某一项匮乏技术进行精准研发，对专一专业领域持续投资，最终发展成专精特新的"小巨人"企业。总体而言，要构建大中小微企业融通创新、良性共生、协同发展的新型组织集群形态，实现潮州陶瓷产业"大而优""小而精"的发展格局。

(2) 明晰产业定位，明确自身优势，构建错位协同产业生态圈

首先，布局产业错位，大力发展优势特长。各企业的情况千差万别，发展不可能套用一个模板、一条路径，企业发展需要从自身优势出发，走特色发展之路。潮州陶瓷各龙头企业及其产业链配套企业要扬长避短、找准优势、发挥优势，要依托某一特色发展，突出重点产业，形成迥异产业链，努力发展特色、优势的产业群体。例如，三环集团继续做优做强电子陶瓷等。其次，厚植协同氛围，打通互联共赢途径。各龙头产业链需求同存异，双方发挥各自优势与专长，实现资源优势互补，在产品研发、技术交流及工艺改进等方面开展合作，并建立项目引进机制，共同招引优质重大项目强化合作。

紧抓补链强链专项行动，促使陶瓷产业长远发展。补链即补齐短板和弱项，要针对各龙头产业链进行全面的梳理和分析，绘制产业链现状图谱，找出空白与弱项短板。围绕各产业链条的缺失环有针对性地补充产业链空缺，打造更稳定、更强大的产业集群。强链，一方面发挥竞合机制，铸造竞争氛围。由于龙头企业庞大的需求量，承担某一节点生产任务的中小微企业往往不止一个，对此要发挥市场倒逼机制强化竞争，使企业在持续竞争中认识到

和对手的差距，借鉴学习竞争对手经验技术的同时推陈出新，提升自身竞争能力，并通过市场的倒逼机制推进现有陶瓷企业"一退一进"，实施就地改造一批、搬迁进园一批、关停淘汰一批的"三个一批"，来促进各龙头企业链内部的良性循环。另一方面，实现智能制造，增添产业硬实力。推动"机器换人、设备换芯、生产换线"智能化和数字化，将智能化建设作为提高企业核心竞争力和综合竞争力的重要抓手，紧密跟踪先进制造技术的发展前沿，完善自身智能化体系。

2.2.2 培植企业合作

在知识产权明晰的基础上合作共赢是筑牢陶瓷产业转型升级的重点。从前文产业转型升级的堵点和难点一节不难发现，由于潮州文化相对闭塞，导致潮州企业普遍缺乏合作精神，严重阻碍了整个陶瓷产业的发展。因此，在搭建产业集群的同时要注重树立合作精神，即加强技术合作和企业合作。深耕技术合作，聚焦技术共享。目前，潮州陶瓷企业发展水平参差不齐，加之潮州本土文化相对闭塞，各企业间沟通较少，导致了各陶瓷企业技术差异相对较大。对此，潮州陶瓷需要改变知识与技术在空间上分散的现状，利用协会的号召力，学习使用"互联网+大数据"搭建相对密集的知识场即共性技术平台。通过共性技术平台的搭建，一方面实现各龙头产业链内部技术共享、研发共享，利用知识和技术的外溢效应，加速学科交叉和产业融合，促进陶瓷产业新思想、新工艺、新技术的产生；另一方面依托平台经验类知识的传播，培养"工匠"诞生，以此激发新方法、新模式的产生与应用。

拓展企业合作，达成合作共赢。企业合作不仅能够使资源合理整合，优势互补，也能够将市场风险进行平摊。可以说，企业间的强强联合，是促使企业发展，乃至整个产业崛起的关键之举。事实上，我国各地的陶瓷企业已积极地与各领域企业开展合作，包括与其他陶瓷企业、科技企业、资源企业等合作（见表2-2）。所以，潮州陶瓷企业不仅要积极与集群内的各企业开展合作，还要与集群外的企业强强联合。

表 2-2　陶瓷企业与各领域企业合作情况

陶企合作	佛山—高安陶瓷产区达成战略合作，促进两地陶瓷企业交流合作、优势互补；大埔青花瓷联盟·三分大卖场正式运营 30 多家陶瓷企业抱团合作共谋发展
科技企业	九牧与华为合作，携手鸿蒙开启智能卫浴新未来；马可波罗控股股份有限公司，携手山东国瓷康立泰新材料科技有限公司等 16 家公司，成立马可波罗陶瓷产业技术创新联盟
资源企业	佛燃能源集团股份有限公司与广东金意陶陶瓷集团有限公司在能源供应、产能升级改造等领域开展深度合作；德田陶瓷与专精釉料的陶丽西集团为伴，推出多种系列产品
加工企业	景德镇陶瓷产业创新发展中心举办了陶瓷企业与包装企业携手前行共谋发展的研讨会
房地产企业	顺辉瓷砖与金科地产股份集团强强联合；宏宇陶瓷与海南合甲签订战略合作框架协议

资料来源：根据相关企业官网资源整理而得。

2.2.3　铸造智能制造

（1）智能制造是赋能陶瓷产业转型升级的关键

传统制造产业跟上发展步伐、迈上新台阶，离不开智能制造的助力。陶瓷产业作为潮州传统制造业，加速潮州陶瓷产业智能转型，促进陶瓷产品转型升级，有利于推动潮州陶瓷产业高质量发展，为打造国家级陶瓷产业转型升级示范区"增砖添瓦"。

（2）锻造智能制造，助力产业升级

潮州陶瓷智能制造应当包含智能制造技术和智能制造系统，智能制造系统不仅能够在实践中不断地充实知识库，而且具有自学习功能，即收集与理解环境信息和自身的信息，并进行分析判断和规划自身行为的能力。具体而言，潮州陶瓷打造智能制造，需要从四个方面入手：一是柔性制造。制造工厂不仅要生产个性化的产品，满足客户多样化、个性化的需求，还要能够同时进行规模化的生产。二是质量检测。质量控制的能力与水平是衡量企业智能制造的重要指标。智能工厂要在每道关键工序后对生产对象进行自动在线检测，并可精准定位工序质量、责任人，以实现高效准确的质量控制。三是能源管理。有效的能源管理是实现绿色制造和可持续发展的手段。智能工厂要实时采集关键装备及生产过程的能耗数据，通过能源管理系统实时监控生产过程中的能源状况，以便有效控制能源消耗，及时发现耗能症结，更进一步及时采取节能措施，最大限度地减少生产消耗，降低生产成本。四是虚拟仿真。智能工厂的虚拟仿真包括数字化设计与虚拟制造。即借助CAD、CAE、CAM计算机辅助工具和产品全生命周期管理PLM软件，从产品设计、产线设计、OEM机械设计，到工厂规划排产、产线生产节拍等仿真，实现在生产最初阶段验证产品结构、生产或规划中所有的工艺流程，以及识别可能的矛盾、缺陷或不匹配（详见图2-7）。

图2-7 智能制造模式

第3章 政府在转型升级创新示范区中的职能与作用

习近平总书记强调,推动经济高质量发展,要把重点放在推动产业结构转型升级上,把实体经济做实做强做优。政府在推动产业转型升级的过程中要发挥重要职能作用。政府在产业转型升级方面的职能主要包括制定规划、调控引导和服务保障。加快传统产业转型升级,让"老树发新芽",是新旧动能转换接续的关键所在。潮州陶瓷产业家底厚实,目前已形成了完整产业链,数量、产值约占全市工业比重的45%,是潮州当之无愧的第一大支柱产业。日前围绕建设"千亿陶瓷产业集群"的新目标,潮州陶瓷的转型升级正紧锣密鼓进行中。

如何充分发挥潮州市政府在陶瓷产业转型升级中的职能与作用?如何下好转型升级这盘棋?首先,潮州市政府需要做好产业转型升级的顶层设计,考虑企业的发展规划,实现陶瓷产业转型升级的最优配置。其次,政府还应该处理好陶瓷转型升级各方利益相关者的关系,积极引导和规划调控,保证转型升级有序进行。最后,政府应提供良好的服务保障,既要保障基础设施建设也要加强服务指导,这样才能加快产业转型升级的步伐。具体而言,应该做好以下工作。

3.1 完善人才政策

政府应完善人才政策,创造良好的环境。在转型升级过程中,人才是最主要的驱动力。人才资源是第一资源,是事关一个地区经济能否实现快速发展的关键。人才竞争的背后实际上是人才发展环境的竞争,拥有人才并能够留住人才、营造良好的人才发展环境已成为当务之急。如果说人才是"候鸟",那么人才发展环境则是"气候",谁能利用好"气候"吸引"候鸟"安家筑巢,谁就能在激烈的竞争中立于不败之地。因此,推进招才引智政策、优化激励机制是陶瓷产业发展壮大的必备条件。政府作为政策的制定者和经济环境的维护者,应该构建良好的引才环境和制度保障,更好地吸引人才、留住人才、培养人才。

然而,潮州市与其他城市在人才引进政策方面存在差异(如表 3-1 所示)。其中,在人才划分方面,潮州市打破以往简单依据专业和学历的认定模式,创造出独有的人才划分方法。按照能力水平和业绩贡献,潮州市将人才划分为顶尖人才、杰出人才、领军人才、骨干人才、青年人才 5 个层次 8 种类型。不论是两院院士等顶尖人才、有重要岗位经历的高端人才还是优秀大学毕业生,都能获得有力支持。在人才福利方面,潮州市在生活津贴、住房政策、子女入学、配偶安置和医疗服务方面推出系列"服务政策包",但潮州市与其他城市相比并未在一次性奖金和创业支持这两个方面出台相应政策。在柔性引才[①]方面,除萍乡市以外,潮州市及其他地区积极探索创新柔性人才机制,积累了大量的经验(详情见延伸阅读 3-1)。在引才平台方面,潮州市和临沂市一样并未建立相应的人才引进平台。与潮州市和临沂市不同,其他县市与高校和企业等进行合作,发挥同乡会、商会等渠道作用,建立引才基地或机构。在其他引才方式方面,临沂市出台了独有的企业激励政策,德化县建立了独有的"招商引资+招才引智"联动机制,而潮州市等其他城市并未创造出新的引才方式。

表 3-1 潮州市及其他陶瓷产区人才引进政策差异对比

地区	潮州市	景德镇市	临沂市	德化县	萍乡市	醴陵市
人才划分新方法	√	×	×	×	×	×
生活津贴	√	×	√	×	×	×

① 柔性引才是指在人才引进过程中,突破地域、户籍、身份、档案、人事关系等限制,不改变其户籍(不迁户口)或国籍,不改变人才与原单位关系(不转人事关系),将人才吸引到本地工作或创业的人才引进和使用方式。

续表

地区	潮州市	景德镇市	临沂市	德化县	萍乡市	醴陵市
一次性奖金	×	×	√	×	×	×
住房政策	√	√	√	√	√	√
创业支持	×	×	√	×	√	√
子女入学	√	√	√	√	√	√
配偶安置	√	√	×	×	√	√
医疗服务	√	√	√	√	√	×
柔性引才	√	√	√	×	√	√
引才平台	×	√	×	√	√	×
企业引才激励政策	×	×	√	×	×	×
招商引才联动机制	×	×	×	√	×	×

资料来源：根据"附录7 潮州市及其他城市人才引进政策详情"整理而得。

【延伸阅读3-1】潮安区深入实施"人才聚能工程"
变"人才找政策"为"政策追人才"

潮安区坚决贯彻市委"1+1+8"人才工作部署，坚定不移深入实施"人才聚能工程"，广泛开展各领域人才座谈交流，变"人才找政策"为"政策追人才"，让更多人才智力成果潮涌韩江。

直面痛点，共商医疗行业解困对策。潮安区召开卫健系统人才座谈会，就全区医疗领域人才现状、存在短板进行了交流。综合各方意见，潮安区卫健部门提出，今后一个时期将通过加大引才力度、健全保障措施、加大培养力度等方式，为医疗领域人才队伍建设提供坚实保障。

盯住重点，共谋特色产业高质量发展。潮安区召开食品行业企业家座谈会，锚定"制造业强区"目标，共商全区食品产业高质量发展大计。高质量发展离不开高素质人才，接下来潮安区将推动招才引智与招商引资同频共振，进一步用好"广东省博士工作站"平台，柔性引进高端技术型人才深度服务制造产业发展，抢抓利好、再接再厉，为企业发展壮大创造有利条件，齐心协力推动食品产业高质量发展。

> 关注焦点，共议青年创业机遇与挑战。为建设好青年人才队伍，潮安区举办"英才荟萃·筑梦潮安"返乡大学生就业创业暨青年人才座谈会。
>
> 资料来源：潮州新闻网，2023 年 3 月 26 日，http://www.chaozhoudaily.com/detail/258754.

因此，潮州市政府应该从以下几个方面进行改进：首先，在人才政策制定时，政府应着重考虑人才政策的更新迭代和前瞻性布局，兼顾本土人才培养和外部人才引进，发展"学历+技能"人才培养模式，实现人才质量的提高。一方面，政府应该提前考虑潮州陶瓷转型升级所需人才类型，进而能够在陶瓷产业转型升级成功后获得主动权，积极联合韩山师范学院组建现代陶瓷产业学院，培养陶瓷产业创新人才；另一方面，政府也要注重相应人才政策的推广，放大潮州本地人才特色优惠政策，缩小与其他城市相比具有劣势的政策，也要注意避免同质化竞争导致的政策优惠比拼。其次，政府应该打造"引才留才"环境。一是积极扶持潮州陶瓷产业的发展，以强大的产业集聚能力吸引人才。二是营造良好的潮州社会环境，并积极宣传潮州的地域文化，提升城市对人才的吸引能力。三是打造陶瓷产业人才晋升通道，为优秀人才提供培训机会，让人才获得职业成就感。最后，政府应该创造人才培养沃土。一方面，在满足本地各项经济和社会发展的同时，应优先考虑满足教育和人力资源开发所需要的各项经济投入；另一方面，应完善以政府投入为主的机制，鼓励其他的社会性人才投资，鼓励创新产教融合区域特色，如联合海外潮人在潮创办"潮商国际商学院"培养国际性创新人才，促进当地的经济发展，宣传创新文化和鼓励全面创新意识，使潮州当地资源、创新文化成为创新人才培养的沃土。此外，应借鉴其他地区官方陶瓷比赛，如陶瓷行业职业技能竞赛等，积极开展本地陶瓷比赛（潮州市及其他地区陶瓷比赛见表3-2），通过比赛为人才提供培训机会，促进人才间的技术交流。

表 3-2 各地区陶瓷比赛

地区	比赛项目
潮州市	潮州市陶瓷职业技能竞赛 创新创业大赛陶瓷专业赛 "中国瓷都·潮州杯"陶瓷设计大赛
景德镇市	景德镇市国际陶瓷工艺健身大赛 2020"美好活动"景德镇陶瓷创新创意设计大赛 "金葵花杯"景德镇（国际）原创陶瓷艺术大赛 中国景德镇数字陶瓷藏品全球创作大赛
临沂市	无
德化县	德化县柴烧陶瓷烧成工艺技能竞赛 德化陶瓷设计大赛 "何朝宗杯"中国（德化）陶瓷工业设计大赛 德化县"瓷艺城杯"伴手礼大赛
萍乡市	萍乡市"振兴杯"电瓷行业职业技能大赛
醴陵市	"炎帝杯"陶瓷文创设计大赛 醴陵市2022年青年学生陶瓷创新大赛 2023年醴陵市"皎兔贺岁·礼寄瓷城"文创设计大赛

资料来源：根据相关资料整理而得。

3.2 落实配套产业

产业是城市建设发展的根基，有产业才有就业岗位，才有人口集聚。产业配套项目可供众多企业共用共享，直接影响着要素是否流入和企业成本高低。不少城市的产业配套政策不健全，提高了企业生产成本和交易成本，降低了城市劳动力和土地成本相对低的优势。当前，潮州面临的配套产业问题主要包括土地问题、配套企业引进问题和燃气问题。针对这些问题，应发挥政府在陶瓷产业转型升级中的主导作用，完善产业链上的各项配套政策，构筑企业、行业、政府"三方"协调的营商环境。

对于土地问题，应该推动陶瓷生产土地资源的有效流转与产权确定，推动工业土地等级划分与用途划分，保障陶瓷生产的用地需求。例如，政府可以完善用地考核评价制度，规划土地审批；健全土地激励和约束机制，提高企业用地的自觉性；完善工业用地开发模式，鼓励和发展工业房地产和推进标准厂房租赁制；引入市场竞争机制，健全用地市场配置机制；明确企业产权，落实企业用地规范。

对于配套企业引进问题，应鼓励陶瓷生产经营模式创新和生产技术创新，大力推进标准化陶瓷生产示范建设，积极引进陶瓷产业链配套企业及中介组织和个人。对于引进的企业，政府可以给予土地、税收等优惠政策。对于引进的中介组织和个人，政府可以给予现金或者物质奖励等。同时，政府还可以建立政府扶持与产业链龙头企业招商引资挂钩机制，积极引导龙头企业通过订单调配、采购需求、投资合资等方式吸引海内外上下游企业来本地投资设厂。

对于天然气问题，可以出台相关政策，规范天然气供应量、收费标准以及对企业用气给予补助，还可以从多方采购优质、低价的天然气，并制定合理的收费标准，降低陶瓷企业生产要素成本（详情见延伸阅读3-2）。与此同时，天然气价格调整后，有关部门应精心组织，周密安排，严格执行价格政策，努力提高服务质量，认真做好宣传解释工作。各级价格主管部门，应加强对天然气价格的监督检查，依法查处价格违法行为，完善落实对配气价格高于1.8元/立方米的部分政府买单的政策，可以考虑按政府物价部门核定的配气价格超出部分的50%予以返还。

【延伸阅读3-2】潮州制定15条具体政策措施降低工业企业用气成本

4月12日，潮州正式印发实施《关于进一步降低工业企业用气成本若干措施》（以下简称《措施》），从多渠道引进优质管道气源、多举措降低企业用气成本、多维度保障燃气安全供应三个方面制定了15条具体政策措施，打出了降低工业企业用气成本的"组合拳"。

《措施》提出，加大燃气基础设施建设力度，加快推进自有气源项目建设步伐，推动西气东输三线闽粤支干线项目建设，着力构建多渠道保障、多主体供给的供气格局。积极争取上游低价管道气源，多渠道引进优质、高效、价廉的天然气气源。整合调配上游天然气资源，建立天然气上下游面对面交流沟通机制，降低气源的采购成本和用气成本。

《措施》要求，要持续推进大用户直供工作，加快推进非居民管道燃气定价，加强管道燃气价格成本监审，针对不同用户在配气价格上分类给予优惠，切实降低工业企业用气成本。《措施》还要求加强燃气价格监督检查，规范燃气相关企业服务收费行为，建立健全燃气购进价格和终端销售价格联动机制，把上游环节降价部分让利于下游用户。

《措施》要求，完善管道燃气"一张网"，加大燃气供应保障能力。优化用气营商环境，进一步提升用户获得用气满意度。强化企业用气安全主体责任，严禁用气企业在城镇燃气管网覆盖范围内私设供气设施、使用"双气源"等行为。健全燃气安全监管机制，加强燃气场站、管网、瓶装液化石油气等燃气安全全链条监管，保障燃气安全稳定供应。健全城镇燃气应急保障体系，提高城镇燃气供应综合管理能力和抗风险能力。

资料来源：潮州新闻网，2023 年 4 月 19 日，http://www.chaozhoudaily.com/detail/259057.

3.3 建设区域品牌

大力实施品牌发展战略，加强陶瓷品牌体系建设，是推动潮州陶瓷产业高质量发展的重要途径。考虑到陶瓷产业在潮州经济和乡村产业振兴中的重要地位，其品牌建设离不开政府与企业的协作机制，以及制度供给和市场推广，共同推动潮州陶瓷品牌形成与价值链延伸。这就需要加强品牌宣传力度，提高品牌知名度；深化质量体系建设，做好品牌建设基础；培育潮州龙头企业，打造卓著品牌；大力发展"陶瓷+"新模式，提升陶瓷品牌吸引力。

（1）加强品牌宣传力度，提高品牌知名度

应采用更新、更好、更多样化的方式对陶瓷品牌进行宣传，强化陶瓷产品产销衔接，提高产品知名度和市场竞争力，提高产品销售量，借鉴德化经验打造陶瓷电商基地和陶瓷共享直播基地，传播陶瓷品牌之音。首先，应该出台"潮州市陶瓷品牌培育计划"，引进、发展一批品牌培育和运营的服务机构,协助陶瓷企业打造企业特色品牌,建立品牌文化,提升企业的品牌价值。其次,可以指导企业学习利用新闻媒体构筑线上推广和线下体验新方式。具体而言,政府可以通过培训方式使企业能够结合时下最流行的短视频、直播等进行线上宣传,还可以提供DIY陶瓷体验馆、陶瓷博物馆(如图3-1所示)等配套设施使企业能够更好地进行线下推广,可以积极与潮州高校联合打造陶瓷创意文化品牌一条街,提升潮州陶瓷品牌价值。最后,可以加大潮州陶瓷品牌全球推广力度,引导潮州陶瓷企业助力共建"一带一路",针对不同国家文化、风俗和审美为其设计独特的产品并进行营销,建设当地的网店,允许私人定制,努力抢占海外陶瓷市场的同时打造出潮州陶瓷品牌,可以联合韩山师范学院利用在校大学生优势打造跨境电商直播基地,开拓共建"一带一路"国家市场,树立品牌形象。

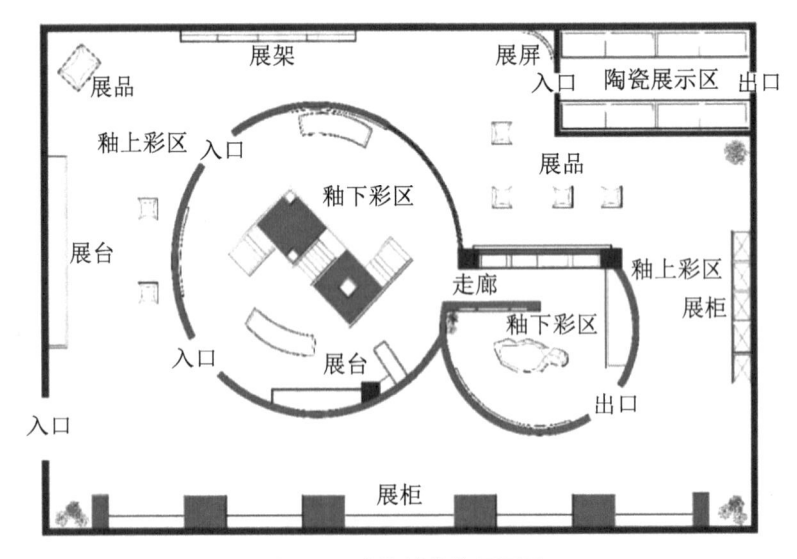

图 3-1 陶瓷博物馆平面图

资料来源:根据相关资料绘制而得。

(2)深化质量体系建设,做好品牌建设基础

打造一个品牌的基石就是产品质量。潮州市政府应该发挥协调作用,并联合有关部门、陶瓷协会、陶瓷生产企业等利益相关者制定陶瓷产品质量标

准，出台潮州瓷器标准，进一步主导制定陶瓷国际标准，推动潮州成为标准制定者。政府应加强陶瓷知识产权建设，力争建设"知识产权强市"，从强化知识产权高质量创造、促进知识产权高效益运用、强化知识产权高标准保护、提供高水平知识产权公共服务四个方面，推进知识产权保护工作。[①] 同时，政府应建立潮州陶瓷产品从生产原料到产品流通的全过程质量可追溯体系，统一开放集陶瓷企业品牌、生产流程、产品质量等基础信息为一体的陶瓷溯源防伪查验入口，向企业和社会提供陶瓷产品质量、品牌溯源查询服务。[②] 此外，政府还应制定陶瓷品牌监督管理机制（如图3-2所示），不断完善陶瓷品牌实施规范与政策法律，明确品牌保护、激励以及惩罚机制（相关内容见延伸阅读3-3），提高假冒陶瓷产品行为的惩罚力度，提高政府对陶瓷品牌的监管力度和法律保护，强化地区陶瓷生产的质量意识和品牌意识，营造良好的消费环境。

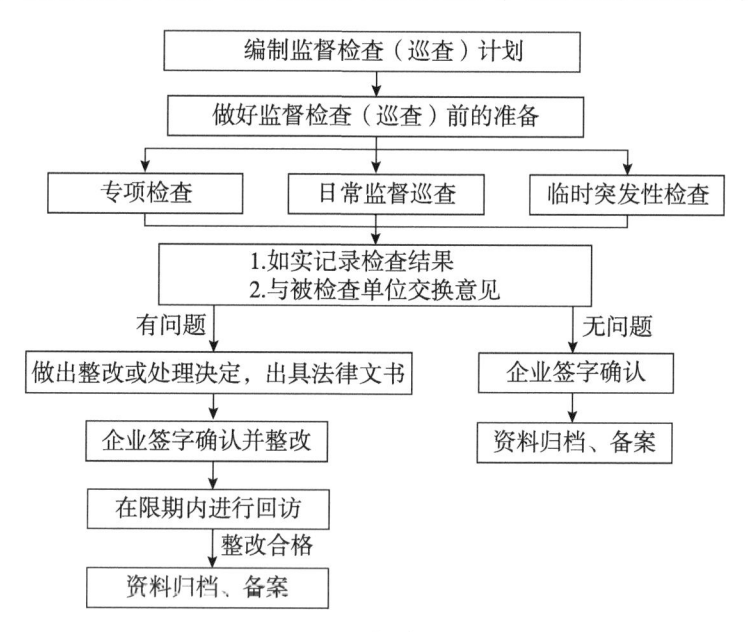

图 3-2 监督管理流程

资料来源：根据相关资料绘制而得。

[①] 潮州：力争建设"知识产权强市"［EB/OL］.（2022-04-28）. http://www.chinaqw.com/qx/2022/04-28/328384.shtml.
[②] 德化县陶瓷质量溯源中心产品质量追溯系统正式上线［EB/OL］.（2019-08-19）. https://www.163.com/dy/article/EMV6M23S0538034Y.html.

> **【延伸阅读 3-3】知名陶瓷企业维权"翻车"！陶瓷行业打假有多难？**
>
> 近年来陶瓷业商标侵权、假冒伪劣等乱象层出不穷，许多企业也从没停止打假维权。一直以来，陶瓷业的头部品牌在消费群体中具有相当高的知名度，一些不法商家为了牟利，生产、销售侵权假冒的陶瓷产品，严重扰乱了正常的市场秩序。为什么主动维权的陶企这么少？一句话总结就是，侵权容易，维权艰难。商标维权较漫长，权利人需投入大量时间、精力进行维权。这就是为什么市场上的侵权假冒产品屡禁不止，许多被侵权企业选择"忍气吞声"的原因。"山寨"等商标侵权行为不仅侵害知名品牌的声誉，而且最终还将损害消费者的切身利益。
>
> 资料来源：中国陶瓷网，2022 年 12 月 8 日，https://www.ceramicschina.com/PG_ViewNews_130445.html.

（3）培育潮州龙头企业，打造卓著品牌

首先，政府应该把扶持龙头企业作为产业化工作的重点，落实龙头企业的优惠政策，在信贷、税收等方面给予一定的支持，为其发展营造良好的社会环境，使龙头企业走上自我积累、自我发展的轨道。其次，政府可以按照产业各个环节的发展要求，推动组建企业联盟，将上下游企业有机联结到一起，发挥龙头企业集群带动效应。以产业化龙头企业集团为核心，打造产业园区，发挥园区辐射带动作用，提升产业整体实力。最后，政府还应该积极招才引资，引进人才和资本助力大企业上市；扶持中小微企业，结合企业自身优势，建立特色品牌，加强产品的核心竞争力，以实现产品差异化发展为核心，形成品牌自身的独特优势。

（4）大力发展"陶瓷+"新模式，提升陶瓷品牌吸引力

政府可以促进潮州陶瓷与其他产业深度融合，打破传统产业的边界，形成新的发展范式，扩大陶瓷销售方式和空间，全面提升城市及陶瓷产品的知名度，为双方带来新的发展机会。例如，潮州政府可以借鉴景德镇"陶瓷+电商+直播"模式，打造"独具特色、创新性强、服务创客、辐射产业"的超

级产业生态链，拓宽线上销售市场，为本地的商户提供互联网销售模式新思路，帮助商家精准触达用户群，并提供智能化生意决策，更全面地服务于陶瓷产业，赋能本地业务新发展。① 同时，打造"中国瓷都国际陶瓷博览会"，借鉴学习外省展会经验，打造永不落幕的"中国瓷都国际展会"②。

---

① 陶瓷+电商+直播 景德镇开启陶瓷销售新模式［EB/OL］．（2022-05-25）．http：//jx.news.cn/2022-05/25/c_1128683532.htm.
② 这一建议获得市政府领导采纳，详见《南方日报》记者采访本课题组负责人李毅教授的访谈稿——《南方日报》2023-05-25CC02版"专家建议潮州加速推动展会国际化进程 让潮州特色产业迈向世界"建议政府"打造永不落幕的展会"。2023年6月9日"潮商·市长面对面座谈会召开"，市委副书记、市长刘胜在座谈会上采纳了"打造永不落幕的陶瓷展销平台"等相关建议。详见潮州发布：2023-06-10，"潮商·市长面对面座谈会召开"，https：//mp.weixin.qq.com/s/4YKiw1jxbLZJ_eSQ7CGgvA.

第4章　潮州创建国家级陶瓷产业转型升级创新示范区的具体措施[①]

2023年3月27日至28日，国家发展改革委联合科技部、工业和信息化部、自然资源部、国家开发银行在江西省萍乡市举办第五届全国产业转型升级示范区建设政策培训暨现场经验交流活动。会议强调，要认真学习领会习近平总书记重要讲话和重要指示批示精神，深刻认识高质量发展是全面建设社会主义现代化国家的首要任务，深刻认识推进示范区高质量发展的重要意义。要准确把握新形势下推进示范区高质量发展的目标定位，完整、准确、全面贯彻新发展理念，充分发挥比较优势，推动将国家要求和地方需求有效衔接。[②] 在此背景下，创建国家级陶瓷产业转型升级创新示范区对潮州经济发展有重大意义，本部分将形成系统的行动指南，为示范区落地提供参考建议。

4.1　有中变强，布局产业集群

陶瓷产业集群指的是定位在示范区划定范围内，以陶瓷产业为引领，以现有企业为主体，主导产业聚焦、优势特色突出、资源要素汇聚、协作网络高效、治理服务完善，具有较强核心竞争力的陶瓷产业集群。其规划部署集群产业园区（以下简称"园区"），要牢牢把稳"四严"。

（1）严把企业认证关，筛选入园集群名单

一是创建方案。布局园区的首要任务是做好顶层设计、编制园区创建、

[①] 本章核心观点刊登于潮州市委政策研究室编辑的内参《潮州调研》2023年第5期。
[②] 张晶.国家发展改革委等部门部署下一阶段产业转型升级示范区建设各项工作［EB/OL］.［2023-04-18］.http://www.chinadevelopment.com.cn/fgw/2023/03/1830186.shtml.

项目建设、政府补助方案,即由政府牵头,协会协助、企业建言的方式,规划集群发展方向、产业项目指标、企业入园补助。由此梳理企业入园标准,项目运行指标,并给予入园企业优惠,确保企业入园积极性。二是申报认证。园区认定要坚持申报自愿、公开透明的原则。同时协会需在符合认定标准的基础上,发挥协会作用,优选企业推荐给政府。三是评估验收。政府根据方案的要求,对自愿申报的企业、协会推荐的企业进行审查,通过"调查研究"择优选取企业进入集群名单,并进行公示。经公示无异议的,确定为"产业集群入园名单",并在政府门户网站公布。

(2) 严控选址建设地,腾挪集群建设空间

一是园区选址。园区选址需把握两大原则:规划导向原则,选址要以城市和园区发展规划为导向,符合所在区域的总体规划和土地利用规划,坚持合理布局,有序发展,与城市形成有机的整体;战略性原则,选址应着眼于长远发展,坚持前瞻性原则,即选址地要在数十年甚至几十年内有发展空间。二是规划建设。要根据园区陶瓷主题,选择符合陶瓷产业特色资源禀赋的地区,既要有利于未来吸引新企业入驻,也要有利于产业链的集聚。另外,园区建设目标要实现企业"拎包入驻"、项目"零等待"。即提升工业园区基础设施建设水平,加快标准厂房建设,完善园区到高速公路、港口、铁路的快速通道,确保企业随时入驻,项目随时启动。

(3) 严筑产业生态链,赋能企业建设发展

一是引进智能马桶技术。智能马桶作为现代生活的一个重要组成部分,在家庭和公共场所的需求量越来越大。因此,可以在园区中整合当地的陶瓷企业和高校科研机构,通过开展产学研合作,探索智能马桶产品的研发和生产。同时,加强智能马桶产品的品牌建设和市场推广,依托示范区扩大生产规模和市场占有率,进一步提升陶瓷产业的整体实力。二是开发多样化的日用陶瓷产品。潮州陶瓷企业在这一领域的产品类型比较单一,难以满足不同类型消费者的需求。因此,可以在园区中组织一些活动,如陶瓷制作体验等,发现客户的多样化需求,分析适合公司的产品发展方向,对现有产品进行创新。同时,还可以通过在园区中展示陶瓷制品,收集游客对创新型陶瓷产品

的建议，完善公司产品发展方向，促进更多的多样化日用陶瓷产品面世。三是升级艺术陶瓷设计。艺术陶瓷作为潮州陶瓷产业中的一个细分领域，可以成为产业转型升级的重要突破口。因此，可以在园区中引入设计师和艺术家等优秀人才，探索陶瓷与其他艺术形式的结合，创造出更具创新性和文化内涵的产品。此外，与智能马桶相似，也要充分发掘陶瓷企业和高校科研机构的合作潜力，开展产学研合作，加速产品研发和生产。与此同时，积极参加国内外艺术展览，加强与国际艺术交流，提高陶瓷产业在艺术领域的影响力和人文价值。

（4）严稽发展动态，确立集群运行检测制度，评价机制

一是建立检测制度。做好产业集群发展跟踪分析、监督检查，定期统计上报产业集群进展情况和重点项目储备情况。需注意的是，检测活动应遵循科学、客观、严谨、公正的原则，严格按照现行有效的国家和行业标准。此外，要建立健全的档案制度，保证档案齐全可追溯，且检验人员对检验结果负责。二是构建评价机制。完善评价考核和分类指导，加强苗头性问题预警和分析研判。对评估结果实行末位淘汰制，首位奖励制。由此腾挪空间，引进外来优秀企业，保证集群产业园的活力。

4.2 你有我优，锻造绿色陶瓷

习近平总书记在党的二十大报告中指出："推动经济社会发展绿色化、低碳化是实现高质量发展的关键环节。"这是基于加快发展方式绿色转型的战略部署以及建设人与自然和谐共生的中国式现代化本质要求做出的重大判断。"双碳"目标要求下，按照党的二十大部署，推动经济社会发展绿色化、低碳化是必然趋势，而作为中国瓷都的潮州，虽然陶瓷产业是潮州重要的传统产业，但是陶瓷生产包括陶瓷原料制备、成型、干燥、施釉及烧成等基本工序，在生产过程中消耗大量的矿产资源的同时，也消耗煤炭、石化等能源。与此同时，陶瓷生产过程中也排放出高温烟尘、二氧化碳、二氧化硫等有害气体，并产生大量的碎屑、残次品、废泥和煤渣等固体废弃物，以及带来较多的液

体废弃物及噪声污染。因此，陶瓷产业被称为高能耗、高污染、高排放的"三高"产业，推动潮州陶瓷产业高质量发展，制造绿色陶瓷已经成为陶瓷产业必由之路。对此，潮州的陶瓷产业可从以下四个方面着手。

（1）清洁能源的使用，是推动潮州陶瓷发展绿色化、低碳化的题中应有之义

能源危机和环境污染是人类社会可持续发展亟须解决的难题之一，人类在利用化石能源创造了空前的经济繁荣的同时，也带来了能源短缺和环境恶化的后果，而清洁能源的应用，为企业的可持续发展带来了新的生机。就陶瓷产业来看，陶瓷制造过程需要高温烧制，烧制过程中需要大量的能源，主要来自化石燃料，如煤炭、天然气等，这些燃料的燃烧会产生大量的二氧化碳。因此，可以采用可再生能源，如太阳能、风能等，以减少对传统能源的依赖，降低碳排放。与此同时，随着原材料价格上涨、能源紧缺，陶瓷企业的生产成本和环保压力日益增大，应用清洁能源已成为新形势下陶瓷产业可持续发展的必然选择。

（2）新技术的使用，是推动潮州陶瓷发展绿色化、低碳化的重要动力

绿色循环低碳发展是当今时代科技革命和产业变革的方向，是最有前途的发展领域。窑炉是陶瓷企业最为关键的热工设备，也是耗能最大的设备，干燥及烧成中的能耗占陶瓷生产总能耗的60%~80%，窑炉设备能耗的水平，主要取决于窑炉的烧成技术。因此，在推动陶瓷产业高端化、智能化、绿色化的发展的过程中，应该大力推广一次烧成技术和新的燃烧技术。一次烧成技术减少了素烧工序，能显著降低烧成的综合能耗和电耗，大大提高产品的质量；低湿快烧技术降低了烧成温度，缩短烧成时间，节约能耗，增加产量。新的富氧燃烧技术和高温低氧燃烧技术能合理组织气体的流动过程和燃料燃烧过程，提高窑炉热工性能和燃烧效率，减少废烟气排放量。陶瓷行业作为高能耗、高消耗的行业不仅应该使用先进的生产设备和技术，以降低能耗和污染。而且，应该建立完善的产品质量检测和评估体系，确保产品符合环保标准和质量要求。

(3) 加强废弃物处理和回收利用，是推动潮州陶瓷发展绿色化、低碳化的必然要求

废旧陶瓷主要包括两类：一类是已经失去使用价值的破旧陶瓷，这些随意丢弃的废旧陶瓷处理，不仅占用了大量土地填埋，而且由于很难降解，对环境和生态也造成了严重的危害。另一类是企业生产中产生的不合格产品，这些残次产品的处理，也是乱象丛生。目前，陶瓷市场上的废旧陶瓷回收成本仅仅为生产成本的10%，加上精加工费用和修补费用的10%，废旧陶瓷变成产品售卖出去每吨成本才20%，但是最终的售价却是40%，由此可见废旧陶瓷市场的利润可观。对废渣的再利用还能较大程度地节约资源，减轻对环境的污染。同时，可以开发工业废弃物再生资源化技术，利用工业废弃物生产优异性能的陶瓷产品，如利用矿渣、粉煤灰、硅灰、煤矸石等生产陶瓷产品。建立完善的废弃物处理和回收体系，将废弃物进行资源化利用，降低废弃物排放和环境污染。

(4) 建立环保质量监控体系，是推动潮州陶瓷发展绿色化、低碳化的有力保障

建立环保质量监控体系，加强对绿色陶瓷生产全过程的监控和管理，确保产品符合环保标准和质量要求。陶瓷企业面对复杂的环保形势，为贯彻落实习近平总书记关于环境保护和生态文明建设的重要指示批示精神，树牢绿色发展理念，扎实推进企业环保治理体系和治理能力现代化，夯实企业高质量发展的环保基础，建议筹划建立环保监控中心。对此，陶瓷企业可以利用最新的物联网技术对陶瓷生产的整个过程进行360度无死角的监控。在"监"字上，既监排放，又监净化设施的运行；在"控"字上，对排污生产进行预警。相信该项系统的实施，不仅能够解决人工监测难以全面准确掌握污染源排污信息的问题，而且能够实时掌控整个企业的污染排放情况。物联网技术可以大大提高陶瓷企业排污净化设施的运行率，量化了企业的污染物排放，创新了环境管理方式，推动了陶瓷企业环境管理手段向精细化和智能化迈进。

通过以上措施，潮州锻造绿色陶瓷可以有效地降低碳排放和环境污染，提高产品的质量和竞争力。此外，针对潮州陶瓷在生产过程中会产生一定的

噪声扰民问题，企业可以采取以下五个方面的措施：一是加强管理。加强对陶瓷企业的管理，建立健全的噪声监测和评估体系，确保生产过程中的噪声控制在规定范围内。二是采用隔音材料。在陶瓷生产车间和设备上采用隔音材料，减少噪声的传播和扩散。三是优化生产工艺。通过优化生产工艺，降低陶瓷生产设备的噪声产生，如采用低噪声的机器和设备等。四是提高员工素质。加强员工的噪声防护意识和职业道德素质，减少无关噪声的产生。五是建立噪声投诉机制。建立噪声投诉机制，及时受理和处理噪声投诉，通过制度和法律手段惩处违规企业，从而维护居民的合法权益。从源头上控制噪声产生，减少对居民的影响，也有助于推动潮州陶瓷产业的可持续发展。

【延伸阅读4-1】绿色低碳发展的路子走对了

生态环境部今天发布了《中国应对气候变化的政策与行动2022年度报告》。报告显示，2021年以来，中国积极落实《巴黎协定》，围绕碳达峰、碳中和目标，有力有序有效推进各项重点工作，取得显著成效。力争2030年前实现碳达峰，2060年前实现碳中和，这是中国积极应对气候变化，向国际社会作出的庄重承诺。而这次发布的报告显示，2021年中国单位GDP二氧化碳排放比上年降低3.8%，比2005年累计下降50.8%。

绿色低碳发展，早已成为国际社会的广泛共识。但对于中国这样人口众多且煤炭消费占比较大的发展中大国来说，实现碳达峰、碳中和注定是一场硬仗。党的二十大报告再次强调，"积极稳妥推进碳达峰、碳中和""实现碳达峰、碳中和是一场广泛而深刻的经济社会系统性变革"。

为了实现"双碳"目标，近年来，我国逐渐建立起碳达峰、碳中和"1+N"政策体系，包括陆续出台《关于完整准确全面贯彻新发展理念做好碳达峰碳中和工作的意见》《2030年前碳达峰行动方案》等。2021年，"碳达峰、碳中和"被写入了政府工作报告，全国碳排放权交易市场也正式启动。

向绿色低碳转型，是高质量发展的题中应有之义。近些年，以新能源汽车为代表的新兴产业在我国高速发展，说明碳达峰、碳中和虽然会让我们面临转型阵痛，但是同样会带来重大的战略发展机遇。所以，我们没有理由不保持这一战略定力。

推动经济社会发展绿色化、低碳化是实现高质量发展的关键环节。咬定青山不放松,从产业转型升级到能源结构优化,从城市运转到市民生活的低碳转型,以积跬步之功力,将低碳发展纳入生态文明建设整体布局,"美丽中国"未来可期。

资料来源:澎湃新闻,2022 年 10 月 27 日,https://baijiahao.baidu.com/s?id=1747832370613900912&wfr=spider&for=pc.

【延伸阅读4-2】陶瓷生产中的三废污染危害有多大?

第一,陶瓷生产过程中的燃烧和煅烧。陶瓷生产过程,需要燃烧燃料和煅烧陶土及坯料、釉料等,高温下产生大量有害气体,CO、SO_2、NO_x、氟化物和烟尘等,同时陶瓷企业的废气排放量大,空气和粉尘中的游离的 SiO_2 含量高,废气中的粉尘分散度高。相信其产生的后果大家也不陌生:造成大气污染、下酸雨、植物不结果等,更为严重的是会导致温室效应、海平面上升、气候反常等严重后果,这是工业革命以来全球密切关注的话题之一。当然,现在全球温度变暖是没错,但并没有造成自然灾难,以上看似危言耸听,若是不能在灾害真正来临之前及时预防遏制,2012 年的玛雅预言推后几年预言成功也尚未可知,所以废气的处理是未来低碳陶企亟待解决的首要任务之一。

第二,陶瓷厂的污水产生不可避免。釉料在淋釉过程中会产生废水,铅和镉含量高,煤气站所产生的焦油酚水,有害物质多,另外生产过程中的工序及工具清洗都会带来废水。有些废水中所含的物质危害很大,除了焦油酚水,还有负离子、固体悬浮物、有害重金属,滤不尽的焦油酚水对地下水的污染和植被的破坏极大,随经之地几乎寸草不生,给当地植物生长带来巨大的危害,其废水轻则也会导致水源发黑发臭,给水生动植物带来灭顶之灾。

第三,陶瓷生产中的废渣。废渣产生来自废弃的磨料、废模具及坯体废料、废釉料(废溶剂)及烧成产生的废料,其处理方法有直接掩埋、减量处理排放和通过技术更新对废渣回收利用。目前，我国陶瓷行业由于技术的限制和资金问题对废渣的处理和利用是相对较低的，而废渣的处理不当也会导致生活用水、空气及土地的严重污染。

往深一层思考，众多污染的背后，还有一个与我们密切相关的受害主体，那就是我们人类自己。人类工业快速发展的同时，人类健康的受损，这也许就是环境破坏的一个反噬。

资料来源：陶瓷信息网，2019年8月20日，https://www.taocixinxi.cn/news-7-13335-0.html.

4.3 无中生有，建设特色小镇

潮州陶瓷小镇[①]需要"点线面"相结合，即抓住"陶瓷"一点，拉出"产业"一线，形成"实体—数字"一面。

（1）"点"要深，打造核心爆款

潮州陶瓷小镇要在牢牢把握陶瓷产品基础上，立足陶瓷发展陶瓷，做精做细陶瓷。即陶瓷小镇内的陶瓷企业家观念新潮，有着陶瓷企业发展新思想的碰撞；陶瓷小镇内的陶瓷生产流程智能化，生产流程紧密跟踪先进陶瓷制造技术，具备智能化和数字化；陶瓷小镇内的陶瓷产品具有文化内涵，拥有饱含潮州本土特色的陶瓷系列文创产品。

（2）"线"要长，串联产业链条

陶瓷小镇内部的产业是集群形态，且产业链条完整，能够实现陶瓷小镇内部的产业循环。即陶瓷小镇内的企业是以上市企业为"龙头"，规上企业为"两翼"，中小微企业协同发展的产业布局。此外，陶瓷小镇还拥有政产学研

[①] 关于建设陶瓷小镇的建言报告详见本课题负责人发表在潮州社科《智库专报》2023年第1期的智库报告《关于将潮州市凤塘镇打造成"陶瓷+"多产业融合发展示范镇的建议》，该报告获得潮州市委副书记王文森批示。

用"通道",帮助陶瓷小镇不断发展创新。

(3)"面"要宽,涉足数字网络

潮州陶瓷小镇不仅要立足线下,同时要打造对应的"云端小镇"。即陶瓷小镇集线下观光、旅游、购物、住宿、休闲为一体,做到了从"单纯观光"向"畅享陶瓷"转变。同时,线上拥有可自行设计的虚拟陶瓷,消费者可以根据自己的爱好,设计独一无二的陶瓷产品,并由线下产出邮寄。

4.4 三方协同,保障政策落地

建设如此小镇需政府、协会、企业通力协作,相互配合,才能打造成功。

(1)政府要"三保"

一是成立领导小组,保证陶瓷小镇筹建工作平稳运行。政府要抽调负责建设小镇的各单位负责人、专业技术人才,成立"潮州特色小镇筹建工作领导小组",统一协调潮州特色小镇建设,提高潮州陶瓷小镇建设效率。例如,派遣专业测算人员检查每家陶瓷企业,并按照其税收贡献和产能效率进行综合评价,不达标企业进行差异化处置,即"关停淘汰一批、整合入镇一批、规范提升一批"。二是营造陶瓷氛围,保障潮州陶瓷小镇知名度。即首先在规划设计方面,在陶瓷小镇的空间布局、建筑造型、雕塑小品以及道路、广场、公园建设中注入文化要素,打造陶瓷特色小镇的标志形象,塑造个性特色。其次,利用官方媒体宣传,将新成立的潮州特色小镇在官方和主流媒体广泛报道。三是给予财政支持,为陶瓷小镇建设上财政保险。包括:出台企业"入镇"优惠政策,激发本地企业与外地企业"入镇"热情;颁布人才补助政策,吸引高技术人才、专业人才进入陶瓷小镇,加速小镇建设,以及陶瓷产业链条完善等。

(2)协会需"三协"

一是协调政府政策落实。协会要做好企业与政府之间的润滑剂,在政策颁布后,积极将政策内涵传达企业。二是要协调企业。一方面企业是协会的重点服务对象,协会通过多种渠道积极向政府反映企业的愿望和诉求,以便于政府的政策制定合理设计；另一方面协会要协调陶瓷小镇内部各企业之间，在沟通信息、统一认识、消除矛盾、促进竞争方面发挥作用。三是协调外部资源。在构建陶瓷文创方面，深入挖掘民间艺术家；在数字网络方面，以协会身份积极引进网络公司，加快对应"云端小镇"建设，并保障"云端小镇"稳定运行；在企业引进方面，利用自身资源与人脉，对接外在企业。

（3）企业提"三供"

一是提供企业视角的发展规划。陶瓷小镇是由企业为基础搭建，所以企业要为潮州陶瓷小镇规划、设计和建设提供建议，从自身视角考虑问题，帮助政府加深对陶瓷小镇的理解。二是提供陶瓷专业技术与人员。企业作为陶瓷专业技术与专业人员最为集中的地区，要发挥技术人才集聚的优势，为陶瓷小镇建设提供相关的培训，并开设讲座讲解陶瓷相关知识，帮助政府、协会更好地建设小镇。三是提供实体陶瓷产品。企业要发挥具有完整的生产流程的优势，对接"云端小镇"线上消费者的陶瓷设计理念，将虚拟陶瓷落于实地。

参考文献

[1] 蔡润东, 余婉妤. 破解瓷土原料紧张困局 推动卫浴陶瓷产业高质量发展 [J]. 中国集体经济, 2020 (20): 65-66.

[2] 陈娟, 李诗满. 浅谈中国陶瓷发展史 [J]. 景德镇陶瓷, 2014 (1): 35-36.

[3] 陈文毅. 闽清县政府推动陶瓷产业转型升级研究 [D]. 福州: 福建农林大学, 2018.

[4] 陈应超, 王大智, 张涵, 等. 浅谈集团型企业如何建立安全环保监控中心 [J]. 网络安全技术与应用, 2022 (2): 105-108.

[5] 杜兰英, 陈鑫. 政产学研用协同创新机理与模式研究: 以中小企业为例 [J]. 科技进步与对策, 2012, 29 (22): 103-107.

[6] 方霞云. 用品牌的力量赋能陶瓷产业高质量发展: 景德镇陶瓷品牌建设的回眸与思考 [J]. 景德镇陶瓷, 2021 (4): 3-6.

[7] 付振宇. 基于地域文化的文创产品创新设计 [J]. 包装工程, 2019, 40 (20): 215-218, 222.

[8] 何江, 闫淑敏, 谭智丹, 等. 企业转型升级下地方人才政策文本量化分析: 基于政府—企业协同关系视角 [J]. 科技管理研究, 2020, 40 (23): 130-138.

[9] 黄宾. 陶瓷行业的节能减排与绿色陶瓷的发展 [J]. 佛山陶瓷, 2008 (8): 1-4.

[10] 黄琛. 低碳经济下陶瓷产业的发展 [J]. 中国商贸, 2012 (7): 238-239.

[11] 黄弘, 钱钶, 林福春. 我国建筑陶瓷现状及发展对策 [J]. 中国陶瓷, 2003 (6): 4-7.

[12] 江彬轩，李智鸿，张智鹏，等．中国健康陶瓷产业发展现状及发展趋势［J］．佛山陶瓷，2021，31（12）：1-4，30．

[13] 李哲，刘彦．技术标准的产业技术政策工具分析［J］．科技进步与对策，2010，27（2）：81-84．

[14] 陆建遵．日用陶瓷工业机械设备的引进现状及其存在问题［J］．陶瓷，2021（8）：101-102．

[15] 邱镇沪，章瑞歆．发展潮州陶瓷产业之我见［J］．陶瓷科学与艺术，2008（1）：56．

[16] 饶倩倩，许开强，李敏．"体验"视角下文创产品的设计与开发研究［J］．设计，2016（9）：30-31．

[17] 谭凯．珠三角产业转型升级问题研究［J］．现代经济信息，2015（12）：421-422．

[18] 王成凤，徐圣超．浅谈地域文化元素在文创产品设计中的应用［J］．艺术科技，2017，30（9）：34-35．

[19] 徐丽平．基于心理共鸣策略的地域文化符号在文创产品设计中的应用［J］．企业经济，2018（12）：109-114．

[20] 曾令可，李萍，王慧，等．陶瓷烧成中的节能技术［J］．佛山陶瓷，2014，24（1）：10-16．

[21] 张才杰．企业生产中臭气扰民问题的思考［J］．中外企业家，2015（31）：271．

[22] 张庆杰，曹忠祥．推进产业转型升级示范区建设迈入新阶段：《"十四五"支持老工业城市和资源型城市产业转型升级示范区高质量发展实施方案》专家解读之一［J］．中国经贸导刊，2022（1）：62-63．

[23] 周游．互联网金融背景下潮州陶瓷业转型升级研究［J］．武汉商学院学报，2018，32（1）：42-45．

附录1：潮州陶瓷产业概况[①]

2020年8月，潮州市出台《潮州市打造千亿陶瓷产业集群行动方案》，提出着力打造世界级的陶瓷先进制造业产业集群，进一步擦亮"中国瓷都"品牌。陶瓷产业是潮州市第一支柱产业。潮州的日用陶瓷、艺术陶瓷、卫生陶瓷年产销量分别占全国的25%、25%和40%，出口量分别占全球的30%、40%和55%，市场占有率均居全国首位；潮州的光通信用陶瓷插芯、电阻器用陶基体、氧化铝陶基片产销量分别占全球的80%、55%、50%以上，均居全球首位。恒洁卫浴、四通陶瓷、顺祥陶瓷、伟业陶瓷、松发陶瓷、环球陶瓷、长城集团和三环集团等企业共同打造了潮州陶瓷的知名品牌。但面对国内外经济严峻形势、国内外市场的激烈竞争、行业同质化竞争等现实，叠加新冠疫情导致的国内外市场需求下降，行业发展存在挑战。走好新型工业化道路，加快促进产业规模、质量双提升，是当前产业经济高质量发展的重中之重。

1 国内陶瓷产业发展概况

我国是世界陶瓷制造中心和陶瓷生产大国，年产量和出口量居世界首位：截至2022年，我国的日用陶瓷产量占全球70%，卫生陶瓷占全球50%，建筑陶瓷占全球64%，陈设艺术瓷占全球65%。全国规模以上陶瓷制品制造行业企业数量2000余家，陶瓷制品制造行业整体从业人数60万人。全国已形成广东佛山建筑陶瓷生产基地，广东潮州日用、卫生、艺术陶瓷生产基地，河

[①] 本报告为广东省决策咨询基地韩山师范学院陶瓷产业研究中心（智库平台）系列成果之一，也是潮州市社科联应用型重点项目"潮州创建国家级陶瓷产业转型升级创新示范区研究"阶段性成果。执笔人：李迎旭。

北唐山、山东淄博、湖南醴陵、广西北流、福建德化等日用陶瓷生产基地及江西景德镇艺术陶瓷生产基地，行业发展呈区域化、分工化、同类型产品生产聚集化的特点。

表1 我国陶瓷产区概况

产区	生产陶瓷类别	在国内生产和出口地位	优势	劣势
江西省景德镇	艺术、日用陶瓷	中国八大陶瓷产区之一、世界手工艺与民间艺术之都、中国三大古瓷都之一、江西四大陶瓷产区之一	景德镇陶瓷产业具有悠久的历史文化优势，有得天独厚的资源优势，包括品牌优势、瓷土资源优势、民营经济优势、科研优势等	发展势头不及潮州；产业品种不及醴陵；陶瓷产品出口不及唐山；建筑、卫生陶瓷不及佛山、淄博
广东省潮州市	日用、卫生、工艺陶瓷	中国八大陶瓷产区之一、中国瓷都	产业集群效应明显、规模效应显著、从业人员众多	陶瓷企业缺乏品牌影响力、企业创新力不足，日用陶瓷"同质化"愈演愈烈、反倾销事件的沉重打击，国内外市场需求不足
广东省佛山市	建筑、卫生陶瓷	中国八大陶瓷产区之一、南国陶都	产品创新的优势、人才优势、企业规模优势、完善的配套产业、物流和信息流优势、品牌发展、品牌陶瓷企业集中	环保压力大，给城市造成的污染多，占用土地资源非常多

续表

产区	生产陶瓷类别	在国内生产和出口地位	优势	劣势
福建省德化县	工艺陶瓷	中国八大陶瓷产区之一、中国三大古瓷都之一、世界瓷都、全国重要的陶瓷产区之一、全国最大的西洋工艺瓷生产出口基地	陶瓷原料资源丰富是福建德化陶瓷产业的先发优势、多年传承积累的技术优势、世代相传的人才积淀形成的人力资源优势、出口导向型定位所形成的出口市场优势	生产规模普遍较小，生产集中度不够，低价竞争、技术创新能力薄弱，信息化水平低、管理落后，产品品种单一，出口销售市场集中，受国际经济形势变化影响较为严重，国内品牌导致竞争激烈，欧美等发达国家设置技术标准越发严格、陶瓷出口遭遇反倾销调查频繁
湖南省醴陵市	日用、特种、建筑、卫生陶瓷	中国八大陶瓷产区之一、中国三大古瓷都之一	发展历史悠久，专业人才较多、产业规模较大，多种企业共存、陶瓷种类丰富，新型产品较多、产品特色显著，异质竞争凸显	管理水平低下，龙头企业偏少，研究开发不足，知名品牌不多，专业人才流失，培养机制落后
山东省淄博市	日用、工艺陶瓷	中国八大陶瓷产区之一、中国古代五大陶都之一、中国建筑陶瓷四大产区之一、北方瓷都	交通区位优势、历史人文优势、市场优势、物流优势、配套设施优势、产业工人优势、平台优势、品牌意识逐渐增强	原材料匮乏、用工成本抬高、商业模式创新不足

续表

产区	生产陶瓷类别	在国内生产和出口地位	优势	劣势
江苏省宜兴市	日用、建筑、卫生、艺术、工业陶瓷	中国八大陶瓷产区之一、中国四大名陶产区之一、中国古代五大陶都之一	一是省级陶瓷产业园平台的建立,为宜兴陶瓷产业进一步发展,为做大、做强、做精陶瓷产业拓展了更大的空间和条件。二是自然资源较为丰富和独特。三是产权制度改革已经到位。四是发展环境日趋优化。五是人才优势相当明显。六是技术装备水平在不断提升	产业结构相对单一、品牌知名度十分欠缺、技术创新和设计能力比较落后
河北省唐山市	日用陶瓷	中国八大陶瓷产区之一、中国古代五大陶都之一、北方瓷都、中国陶博会之都、中国第一件卫生陶瓷诞生地、中国第一件骨质陶瓷诞生地	丰富的陶瓷资源、交通便利、制瓷技术传承	品牌影响力有限、缺乏高附加值产品、环保压力和可持续发展,陶瓷生产涉及一些化学物质和能源消耗等问题,对环境造成一定影响

从生产规模上看,江西省景德镇形成了艺术陶瓷、日用陶瓷为主,工业用瓷、高技术陶瓷共同发展的多元化格局。2021年景德镇陶瓷总产值为516.2亿元,其中日用陶瓷165.5亿元,艺术陈设陶瓷185.3亿元,两项合计占陶瓷总产值的68%。另外,根据2021年统计,景德镇文化创意陶瓷产值达到112.6亿元。高安市主要生产建筑陶瓷,目前高安有建筑陶瓷企业54家、配套企业133家,建成生产线182条,稳居全国第二大主产区地位。萍乡市也是我国工业陶瓷生产的主要基地,其被称为"中国工业陶瓷之乡",全市有陶瓷企业300余家。广东省佛山市内坐落着350多家陶瓷企业,是我国最大的建筑、卫生陶瓷生产基地,佛山市南庄镇为中国建筑陶瓷第一镇。佛山市

也被誉为"南国陶都"。清远市也拥有30多家企业，主要产品是建筑和卫生陶瓷。另外，大埔县、廉江市和河源市、三水、南海已经成为佛山陶瓷转移区，具备了大规模的制造能力。其中，大埔县拥有200余家企业，全部以出口为主，主要产品为建筑陶瓷。福建省德化县是全国重要的陶瓷产区之一，也是全国最大的西洋工艺瓷生产出口基地，是全国最大的陶瓷工艺品生产和出口基地、陶瓷茶具和花盆生产基地和陶瓷电子商务产业基地，其陶瓷品牌价值高达1086亿元。全县有3000多家生产企业，2万多个经销点，陶瓷茶具占全国80%。晋江市拥有大约350家陶瓷企业，是福建陶瓷集中产地之一，建筑陶瓷业为该地支柱产业。晋江磁灶镇，因烧制陶瓷而得名，是我国陶瓷发源地之一，有1500多年的陶瓷烧制历史。目前，晋江磁灶镇共有陶瓷企业100多家，是我国四大建筑陶瓷生产基地之一和我国主要建筑陶瓷集散市场之一。闽清县拥有陶瓷企业503家，高低压电瓷408家，建筑陶瓷95家，我国重要的电瓷生产出口和建筑陶瓷生产基地之一。闽清作为我国重要的陶瓷生产基地，其建筑陶瓷年产量4.2亿平方米，约占全国总产量的1/20，电瓷产量约占全国总产量的1/6。

2 潮州市陶瓷产业发展现状

2.1 潮州陶瓷产业产能受到疫情影响

2018年起，陶瓷出口受到国际因素影响。新冠疫情暴发后，陶瓷制品制造单位数在总工业产品单位数的比重出现下降，其规模以上的工业总产值也在不断减少，但卫生陶瓷的产量却不断攀升。从行业增加值对比角度看，2021年，陶瓷工业下降1.8%。2022年，受到疫情影响，潮州陶瓷规模以上行业增加值比上年下降18.2%。

表2 潮州陶瓷产能情况

年份	陶瓷制品制造单位数		规模以上工业总产值		卫生陶瓷产量	
	合计（个）	比重（%）	产值（万元）	同比（%）	件数（万件）	同比（%）
2018	6658	21.61	4170129	8.20	2788.91	6.78
2019	5972	17.02	3603907	-0.70	2619.53	-6.10
2020	5774	16.90	3792282	4.13	3067.11	17.09
2021	6535	16.40	3187189	-16.00	3158	1.50
2022	6922	16.30	3167636	-0.60	3468	5.10

资料来源：潮州市统计年鉴（2018—2022）。

2.2 经济效益出现下滑后呈现微弱回升趋势

2018年以后，受国内外因素影响，潮州陶瓷产业的经济效益综合指数持续下降，其总资产贡献率、工业销售产值、主营业务收入和利润总额都呈现下降趋势，特别是在2018年至2019年，利润总额出现大幅下跌。2022年，工业销售产值、主营业务收入出现小幅上升。

表3 规模以上陶瓷企业经济效益综合指数及主要指标

年份	经济效益综合指数（%）	总资产贡献率（%）	工业销售产值（万元）	主营业务收入（万元）	利润总额（万元）
2018	245.61	27.91	4012479	3947064	337213
2019	220.94	20.23	3459097	3368519	251194
2020	203.20	17.27	3792282	3359818	239484
2021	—	16.70	3187189	2837908	199918
2022	—	15.20	3348462	2956203	198668

资料来源：潮州市统计年鉴（2018—2022）。

2.3 陶瓷出口规模稳居全国首位

从出口规模看，潮州是我国重要的陶瓷出口基地，以美国、欧洲、东盟和中东国家为主要出口市场，日用陶瓷出口到世界166个国家和地区。从产业对比角度看，在2022年中各类主要出口商品中，陶瓷产品出口92.39亿元，比上年增长12.6%；农产品出口42.22亿元；机电产品出口21.97亿元；服装及衣着附件出口13.08亿元；鞋靴出口11.25亿元。陶瓷商品依旧位列潮州八大支柱行业出口额第一。

2.4 国际市场结构相对集中

2022年中国出口至世界的建筑陶瓷产品有19.1亿美元，卫生陶瓷产品有90.3亿美元，日用陶瓷有6.3亿美元。其中，美国进口我国建筑陶瓷产品为1355万美元，占我国建筑陶瓷出口额0.7%；进口我国卫生陶瓷产品为12.6亿美元，占我国卫生陶瓷出口额13.9%；进口我国日用陶瓷产品为2.3亿美元，占我国日用陶瓷出口额36.5%。2022年潮州市主要出口市场以美国、欧洲和亚洲为主（见表4）。潮州市统计局《潮州市国民经济和社会发展统计公报》统计数据显示，潮州市陶瓷产品主要出口至欧美国家及中东地区，同比均实现增长。2022年，潮州对东盟、美国、欧盟分别出口31.50亿元、42.19亿元和28.56亿元，增长4.1%、0.9%和24.9%，其中美国仍是潮州出口商品的第一大国际市场。

表4 2022年潮州出口商品前十大国际市场

出口市场国家及地区	出口额（亿元人民币）	同比（%）
东盟	31.50	4.10
美国	42.19	0.90
欧盟	28.56	24.90
中国香港	10.39	3.50
韩国	9.85	3.10
英国	5.70	5.10
澳大利亚	4.95	−10.10

续表

出口市场国家及地区	出口额（亿元人民币）	同比（%）
俄罗斯	4.90	14.50
印度	4.89	28.30

资料来源：潮州市统计局《2022年潮州市国民经济和社会发展统计公报》。

2.5 国内市场产品需求正在拓展

受新冠疫情影响，出口受阻后，迫使潮州部分陶瓷企业加快开拓内销市场。潮州陶瓷产业带，正在从原有以外贸为主的模式，融入外贸内销并举的"双循环"新发展格局。如顺祥陶瓷最早在2008年就开始涉足国内市场，目前在国内拥有100多个区域一级经销商。2014年，联源开始涉足国内市场，创立了自己的餐厨具品牌"砂龙"，主营线下商超市场，目前在全国已有200多家经销商。2017年，联源第一次以ODM（原始设计制造商）的形式接触国内电商，进入国内零售市场。潮州陶瓷产业的龙头企业松发陶瓷在疫情后努力开拓国内市场，积极融入国内国际双循环，坚持外贸内销"两条腿"走路，不断提高国内市场比重。

3 陶瓷产业高质量发展基础与困难

3.1 陶瓷产业高质量发展基础

3.1.1 产业规模庞大，有高质量发展条件

潮州是全国最大的陶瓷生产基地和出口基地，是国内产业链最完整的陶瓷产区。潮州陶瓷产业带最为核心的竞争力就是工艺齐全、配套完善、创新领先、效率较高。2020年受新冠疫情影响，产业发展出现较大波动，增加值为83.34亿元，同比下降6.0%，降幅高于食品、塑料等行业，位列第三。2022年，在潮州八大主要产业中，陶瓷产业仍是第一大支柱产业，增加值是

位列第二的食品工业的 2.3 倍（见表 5）。

表 5　2020 年、2021 年、2022 年潮州规模以上八大工业增加值情况

行业名称	2020 年		2021 年		2022 年	
	增加值（亿元）	同比增长（%）	增加值（亿元）	同比增长（%）	增加值（亿元）	同比增长（%）
八大行业合计	175.21	-4.70	178.01	1.60	163.59	-8.10
陶瓷工业	83.34	-6.00	81.83	-1.80	66.93	-18.20
食品工业	25.18	-5.50	27.01	7.30	29.19	8.10
服装工业	4.07	-19.10	3.50	-13.80	3.81	8.80
塑料工业	14.04	-2.10	14.77	5.20	14.01	-5.20
印刷和记录媒介复制业	8.23	-6.60	8.83	7.30	8.58	-2.80
电子工业	22.73	11.70	23.98	5.50	25.39	5.90
不锈钢制品业	11.65	-0.70	10.85	-6.80	9.84	-9.30
水族机电业	5.96	6.20	5.95	-0.10	5.29	-11.00

资料来源：潮州市国民经济和社会发展统计公报。

3.1.2　政府支持陶瓷产业高质量发展

潮州市大力实施创新驱动发展战略，深入推进新一轮技术改造，加快推动陶瓷企业自动化、智能化改造。2020 年 5 月，潮州市政府印发《潮州市高新技术企业高质量发展三年行动计划（2020—2022 年）》，鼓励高新技术企业突破一批产业核心关键技术，研发一批具有较强竞争力、经济效益显著的战略产品和核心装备。2020 年 8 月，潮州市政府《潮州市打造千亿陶瓷产业集群行动方案》公布，通过 3~5 年全市陶瓷产业规模进一步壮大，形成一批具有国际国内影响力的龙头骨干企业，力争到 2025 年底工业总产值达到千亿元级，规模陶瓷企业达到 1000 家以上，亿元企业 300 家以上，国家级高新技术企业达到 100 家以上。2021 年，潮州市高新技术企业总量增至 159 家，同比增长 23.26%，增速居全省第七位；全市收入上亿元高新技术企业达到 49 家，比 2020 年增长 22.50%，数量规模再创新高。在 2021 年认定的 55 家企业中，陶瓷企业就有 15 家之多。

3.1.3 企业转型升级取得初步成效

近年来,潮州加快实施总投资 48 亿元的 52 个陶瓷技改项目,出台《关于加快推进智能化应用推动制造业高质量发展的实施方案》等文件,设立 2000 万元专项资金,与省智能制造研究所合作建设智能制造技术与装备潮州创新中心,鼓励陶瓷企业加快智能化、数字化改造。目前,全市拥有陶瓷类高新技术企业 56 家;全市陶瓷智能化设备应用超 8000 台(套),同比增长超 100%,从制造迈向"智造",必须加快自动化、智能化、数字化转型。目前,规模企业已经实现陶瓷产品实现自动化上釉。如松发陶瓷不断引进先进自动化生产线、智能转移印彩生产线,打造日用陶瓷智能化工厂。在广东四通集团股份有限公司,每年投入超千万元的研发经费,对生产线进行智能化改造,对窑炉装备进行"绿色化"升级,增加产品附加值。部分企业也实现了现代窑炉投、滚压生产线投入陶瓷生产中带来的技术升级,生产效率提高的同时,注重自主品牌建设,努力实现高质量发展。

3.2 陶瓷产业高质量发展面临的困境

3.2.1 行业集中度低,品牌影响力不足

潮州陶瓷行业企业规模小,以中小企业居多;行业分散,年产值 5 亿元的龙头企业松发陶瓷占全市产值的比重仅为 1%。潮州多数日用陶瓷企业生产中低端产品,主要为 OEM、ODM 模式,即贴牌代加工。就国内市场上看,高档日用陶瓷大部分都被国外品牌占据,尽管有数家知名的陶瓷企业和品牌,但在全国乃至国际的知名度及认可度还不高。而在国际高端市场上,潮州企业更是凤毛麟角。总体上自主品牌意识不强,产业链附加值低。而今以量取胜的时代已经过去,面对行业的调整变化和重新洗牌,潮州日用陶瓷业亟待转型升级,突破大而不强的瓶颈,才能实现良性发展。

3.2.2 成本全面攀升,价格竞争优势削弱

能源和原材料价格上涨、汇率上升和运输成本上涨导致潮州陶瓷在国际市场上性价比优势被大幅削弱。数据显示,近年来潮州陶瓷企业资产保值增值率逐渐下降、资产负债率和成本利润率不断上升。2018—2022 年的数据显

示，受国内外因素影响，潮州陶瓷企业的资产保值增值率一直上下波动，而资产负债率却不断攀升，成本利润率不断下降，流动资产周转率也有明显的下降趋势，随着生产模式的升级，劳动生产率呈现上升趋势。

表6 潮州市规模以上陶瓷企业成本相关经济指标

年份	资产保值增值率（%）	资产负债率（%）	成本利润率（%）	流动资产周转率（次）	劳动生产率（元/人）	产品销售率（%）
2018	101.03	34.61	9.45	3.91	133157	96.68
2019	97.59	38.92	8.13	3.35	134285	95.98
2020	103.66	39.53	7.79	3.38	135893	—
2021	86.00	38.60	7.70	3.04	137951	—
2022	104.20	42.10	7.30	3.15	147962	—

资料来源：潮州市统计年鉴（2018—2022）。

从竞争角度看，目前，巴西、土耳其、印度、东南亚等国家和地区陶瓷产业迅速发展，生产线也较为先进，是我国陶瓷出口有力竞争对手。特别是潮州陶瓷企业面对出口困境，产品价格上升，导致部分订单流向价格更便宜的越南、印度尼西亚、泰国等国家转移。而国内陶瓷产区也不断扩大，如福建、江西、四川、山西甚至东北等地。特别是近年来印度尼西亚、韩国、阿根廷、秘鲁、巴西等国均发起了对我国陶瓷出口产品的反倾销。这意味着陶瓷产业利润空间被进一步压缩，价格竞争力下降，潮州市以量取胜的产业发展模式亟待转型，高质量发展刻不容缓。

3.2.3 人才供给不足，高质量发展亟须突破

当下陶瓷产业技术工人用人荒已出现，行业内的无序竞争十分激烈。虽然全自动生产链的机械化生产会缓解劳动力不足带来的影响，但是面对灵活多变的工艺配套或者创新升级，对人才的稀缺更加凸显。2021年出台《潮州市陶瓷产业人才振兴计划实施方案》和《潮州市陶瓷产业人才振兴计划专项资金管理细则》等文件，但受到潮州城市整体经济、教育、医疗水平及地域文化等因素影响，导致外聘产业人才来潮后留不久，人才流失率较高。为解决人才短缺问题，2022年，潮州市职业技能服务中心与四通集团合作开展企业新型学徒制培训，对 285 名在岗职工进行培训，涵盖陶瓷产品设计师、陶瓷工艺师、陶瓷烧成工、陶瓷装饰工 4 个工种，助力提升职工技能水平。然而，要实现产业高质量发展，技术人才必不可少，将陶瓷产业发展与中华传统文化复兴相结合，充分培养工匠精神和企业家精神，培养一批工艺美术大师，这也是产业实现高质量发展的必然要求。然而，从各类人才培育和引进情况看，潮州陶瓷产业人才规模和水平不足仍是产业发展的瓶颈。

附录2：以创新驱动凤塘镇"陶瓷专业镇"建设的思路与建议①

凤塘镇陶瓷生产历史悠久，早在20世纪70年代至80年代初就开始生产卫生陶瓷，是全国较大、产品门类较齐全的陶瓷生产基地之一。在2006年，凤塘镇获"广东省陶瓷专业镇"称号。2007年，凤塘镇被中国建筑卫生陶瓷协会授予"中国陶瓷重镇"称号。2020年，凤塘镇顺利通过了"中国陶瓷重镇"复评，2021年9月，入选"2021年全国千强镇"。

目前，凤塘镇认真落实上级实施"百千万工程"决策部署，锚定"陶瓷专业镇"目标，聚焦高质量发展首要任务，坚持"工业强镇、科技兴镇"，以发展壮大智能厨卫产业为重点，走出特色"村改"之路，因地制宜发展壮大陶瓷产业，着力打造中国智能厨卫示范镇。

如何加快凤塘镇陶瓷专业镇创新发展，打造乡村振兴全国样板？为此，提出以创新驱动凤塘镇实现人才强镇、品牌兴镇、模式富镇、平台美镇。

一、人才创新：以人才强镇

1. 创新人才引进机制。通过搭建人才信息平台，广泛收集国内外陶瓷领域的优秀人才信息，定期发布人才需求清单，吸引更多优秀人才来凤塘镇发展。同时，加强与高校、科研机构的合作，建立产学研一体化的人才培养模式，为陶瓷产业输送源源不断的新鲜血液。

2. 创新人才培养和成长体系。建立健全人才培训体系，针对不同层次、

---

① 本建议为广东省决策咨询基地·韩山师范学院陶瓷产业研究中心（智库平台）系列成果之一，也是潮州市社科联应用型重点项目《潮州创建国家级陶瓷产业转型升级创新示范区研究》阶段性成果。项目资助：韩山师范学院教授博士科研启动项目（QD202107、QD202305）。执笔人：李毅。

不同需求的人才制订个性化的培训计划,提升他们的专业技能和综合素质。同时,鼓励企业建立内部导师制度,让经验丰富的老员工带领新员工快速成长,形成人才梯队。

3. 创新人才使用环境。通过出台一系列优惠政策,如提供住房保障、子女教育等,为人才在凤塘镇安居乐业创造良好条件。同时,对营销人才也应加以重视关心,对绩效优的营销人才给予奖励。重视"荣誉""称谓"对人才的激励影响,为对陶瓷产业贡献度大的人才授予特殊称号,完善以能力绩效为取向、以竞争上岗为主要内容的竞争机制,确保人才的有效利用,形成一套完整的荣誉评价、授予和奖励的机制。要加大科技贡献奖励的幅度,实行一流人才、一流业绩、一流待遇的政策。完善人才资源分配机制,建立人才成长发展的激励机制,激发人才工作创新活力。

4. 创新人才交流和合作机制。联合韩山师范学院等高校定期组织陶瓷产业人才论坛、技术交流会等活动,促进不同领域、不同企业之间的人才交流与合作,推动陶瓷产业的技术创新和产业升级。一方面,与高校进行合作能够缓解凤塘镇陶瓷企业用人难、招工难、人员流动性大的问题,为企业适量引进管理及数字化人才,提升产品研发能力;另一方面,又能够为高校毕业生提供实习岗位,鼓励学生把所学知识运用于现实,提高学以致用能力,切实提升学生的综合素养,增强学生进入社会的适应性,解决自身就业问题。通过校企合作的方式,打造学生实习就业平台,以陶瓷企业作为学生的实习基地,或是鼓励和引导在校大学生利用假期和课余时间到本地陶瓷企业就职、调研、见习的方式参与企业的管理,为研发新产品积累技术经验和为做到企业科学管理积累经验。

5. 创新监督机制。相关政府部门不能把人才引进停留在纸上,而是要使其发挥实际的作用。上级部门要加大管控力度,实时跟进政策的落实。对引进来的人才要具有诚意,突出人文关怀,不能让来潮人才"心寒"。补助要及时落实,尽量缩短审批周期,简化审批流程,突出诚意。积极与人才沟通,了解他们的需求,提高人才来潮后的归属感。

二、品牌创新：以品牌兴镇

1. 品牌定位：明确定位凤塘镇作为"智能卫浴"产品的生产基地，并打造其为陶瓷专业镇的核心品牌之一。

2. 产品研发：智能卫浴产品的核心竞争力在于其技术含量。加大对智能卫浴产品的研发投入，不断提升产品的智能化水平，满足消费者的多元化需求。结合潮州陶瓷产业优势，推出具有创新性和竞争力的智能卫浴产品。

3. 品牌推广：通过展会、广告、社交媒体等多种渠道，提升"智能卫浴"品牌在消费者心目中的知名度和美誉度。

4. 技术合作：与科研院所、高校等合作，引进先进的智能技术，提升产品的科技含量和品质。

5. 品牌认证：积极申请相关的品牌认证，如国家知名品牌、绿色环保认证等，增强品牌的可信度和竞争力。

6. 品牌文化建设：传承凤塘镇的陶瓷文化，将智能卫浴产品与当地文化相结合，深入挖掘陶瓷文化内涵，举办陶瓷文化节、展览等活动，提升凤塘陶瓷的知名度和美誉度。

7. 产业链协同：陶瓷专业镇内的企业应加强合作，形成产业链协同发展的良好局面，共同推动智能卫浴小镇建设。

三、模式创新：以模式富镇

产业之间的关联是产业融合的基础与前提，彼此之间的关联性越强，各自的资源利用率也就越高，就越容易形成融合发展模式。图1设计了凤塘镇可打造的文化创业产业园区与劳动实践基地的平面图。

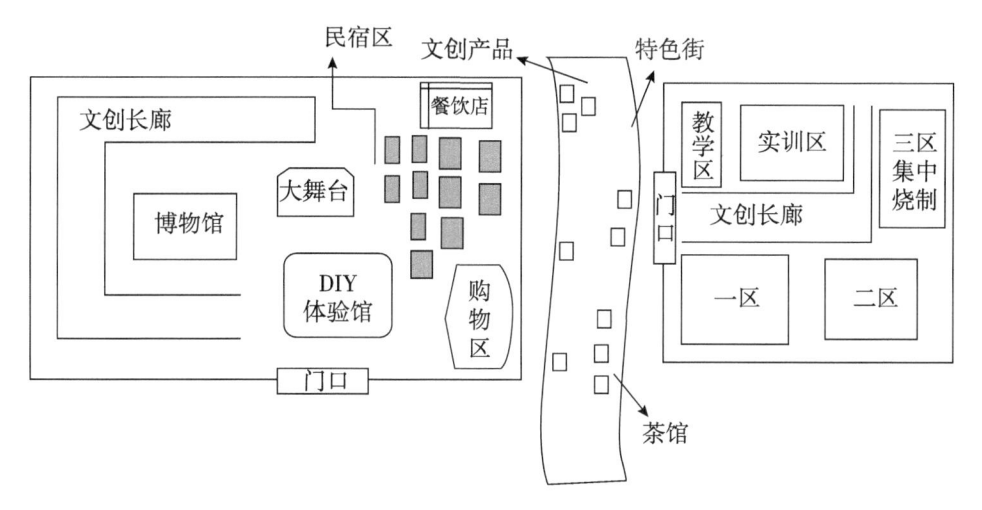

图 1　凤塘镇陶瓷园区示意图

(一)"陶瓷+文旅"产业延伸型融合

打造以陶瓷文化为主体的一站式文化休闲娱乐旅游体验创意园区，以文化输出为主带动凤塘镇的经济增长，进一步推动乡村振兴取得新成效。

1. 陶瓷博物馆。2021 年 5 月，潮州市文广旅体局印发《潮州市建设"博物馆之城"（2021—2025 年）实施方案》，确定未来 5 年发展目标，计划到 2025 年，全市建成涵盖陈列馆、展览馆、美术馆、纪念馆、民俗馆、非遗馆和名人故居等各类博物馆。因此，凤塘镇可以抓住此机会，为乡镇陶瓷文化建"橱窗"，打造一个有凤塘镇地方特色的民间博物馆，宣传凤塘镇陶瓷与非遗文化，通过博物馆陈列出凤塘镇老艺人的代表性作品和非遗作品，让大众近距离感受陶瓷与非遗文化的魅力。

2. 陶瓷 DIY 体验馆。馆内分为两个区（展示区和体验制作区），在展示区摆放陶瓷文创产品（标注创意来源或者是特殊的制作工艺）和一些大师所制作的具有特殊文化意义的作品供大家欣赏。体验制作区能为游客提供 DIY 陶瓷制作场所（分为拉坯和上色的制作）。通过这种休闲娱乐的方式来吸引游客，以能更好地宣传陶瓷文化。

3. 文创长廊。运用各类特色艺术陶瓷（如红色文创类、历史遗迹类、现代化精品类等）装饰打造陶瓷艺术长廊，采用壁画的形式全面展示当地陶瓷文化的发展历史，促进文化输出。

4. "陶瓷+"主题特色街。主要建设陶瓷特色茶馆和餐饮店，每年定期举办美食节的模式吸引游客前往。2023年11月，潮州获得"世界美食之都"称号，可以借此机会将凤塘镇的陶瓷文化与潮州美食结合，举办"一瓷一味"的美食节。通过美食节，将凤塘镇的陶瓷与潮州美食相融合，从而打造潮州舌尖上的陶瓷文化。其次，潮州茶文化在全国各地知名度较高，运用"陶瓷文化+茶文化"的优势，打造"瓷中有茶，茶中有瓷"的模式。

5. 主题民宿。凤塘镇应借打造"智能厨卫小镇"的机遇，积极培育"陶瓷智能厨卫+文化旅游"的示范基地，建设陶瓷智能厨卫主题民宿，坚持把陶瓷智能厨卫小镇建设与陶瓷主题旅游民宿作为发展凤塘镇旅游、实施文旅赋能乡村振兴的有力推手。为了让民宿的陶瓷文化气息更加浓厚，实现陶瓷文化旅游的融合，在设计和装修过程中，可灵活运用当地陶瓷文化元素和艺术特色。民宿的院外围墙可以用碎瓷片、瓷塑装饰，或以碎瓷片堆砌成状，或镂空成孔安置瓷塑，室内选择柴窑器皿、茶器、香器、瓷板画这类小众有情调的手作之器作为陈设亮点。在空间规划、装饰装修、家具陈设等多方面吸纳陶瓷文化特色元素，从而提升住客体验感，增加特色民宿的独特魅力。这促进民宿产业与陶瓷特色文化产业转型升级，实现陶瓷文化与旅游产业的融合。重点是做好陶瓷产业的产品设计—产业设计—产业链设计—跨界融合发展设计与商业模式设计、平台设计等相结合，形成合理产业布局设计，为"智能厨卫小镇"建设提供系统解决方案设计！此外，还需要注意：一是处理好产品设计、产业设计、产业链设计、跨界融合发展设计布局等之间的系统协同关系；二是发挥好"智能厨卫小镇"建设在协同推进乡村振兴、区域协调发展和新型城镇化战略方面的应用设计，如"陶瓷+餐饮+田园民宿+智慧农业"、关于陶瓷产品应用场景的"设计—制造—物流—销售"全产业链的线上生态服务系统设计等。

6. 做好智能厨卫小镇建设规划设计。陶瓷小镇需要"点线面"相结合，即抓住"陶瓷"一点，拉出"产业"一线，形成"实体—数字"一面。一是"点"要深，打造核心爆款。陶瓷小镇要在牢牢把握陶瓷产品基础上，立足陶瓷发展陶瓷，做精做细陶瓷。即陶瓷小镇内的陶瓷企业家观念新潮，有着陶瓷企业发展新思想的碰撞；陶瓷小镇内的陶瓷生产流程智能化，生产流程紧密跟踪先进陶瓷制造技术，具备智能化和数字化；陶瓷小镇内的陶瓷产品具有文化内涵，拥有饱含潮州本土特色的陶瓷系列文创产品。二是"线"要长，串联产业链条。陶瓷小镇内部的产业是集群形态，且产业链条完整，能够实现陶瓷小镇内部的产业循环。即陶瓷小镇内的企业是以上市企业为"龙头"，规上企业为"两翼"，中小微企业协同发展的产业布局，此外，陶瓷小镇还拥有政产学研用"通道"，帮助陶瓷小镇不断发展创新。三是"面"要宽，涉足数字网络。陶瓷小镇不仅要立足线下，同时要打造对应的"云端小镇"。即陶瓷小镇集线下观光、旅游、购物、住宿、休闲为一体，做到了从"单纯观光"向"畅享陶瓷"转变。同时线上拥有可自行设计的虚拟陶瓷，消费者可以根据自己的爱好，设计独一无二的陶瓷产品，并由线下产出邮寄。

（二）"陶瓷+劳动"创新型融合，打造潮州大中小劳动实践基地

随着教育部《义务教育课程方案和课程标准（2022年版）》公布，单独设立的劳动课即将出现在中小学的课表里。劳动教育不能仅仅在校园内、家门里，应该多关注课外、校外劳动实践体验的有效拓展。在此背景下，凤塘镇可打造一个潮州大中小学生劳动实践基地，为大中小学生提供劳动实践场所，为陶瓷相关专业学生提供实训场所，达到产学融合的目的。

在劳动实践场所方面，基地可分为三个劳动实践活动区（见图1）。一区为揉泥、拉坯塑形，二区为调色、上色，三区为烧制展示。通过提高学生在制瓷过程中的参与度，使其切身体验劳动的乐趣。基地应与各大中小学校进行合作，基地应注重体现陶瓷传统文化和工匠精神，在文化长廊中设立宣传栏与展示栏，宣传潮州文化，展示学生在劳动过程中制作出的优秀作品。

在实训场所方面，基地可分为教学区与实操区两个实训区（见图1）。教学区应为安静的理论教学场所，实操区应为设备齐全的制瓷场所。基地需提供较为专业和精细的设备，帮助陶瓷相关专业学生进行实操训练，使其更好地将课堂、课本知识运用到实际当中。基地还应加强与广东省陶瓷研究院、潮州陶瓷行业协会、韩山师范学院（美术学院、材料学院、陶瓷学校）等陶瓷相关机构的交流与合作。

(三) 打造文化旅游特色街，文旅融合再现陶都风情

文化是旅游的灵魂，旅游是文化的载体，文化旅游业将为城市发展注入活力、动力。在某种程度上，文旅融合将成为城市发展最为重要的"发动机"之一。我们认为，凤塘镇可以在园区规划中打造一条文化旅游特色街，实现凤塘镇"陶瓷+旅游"的跨界融合，以陶瓷带动潮州旅游业的发展。

文化旅游特色街内可积极引进各类具有陶瓷文化元素的商铺、小店以及展览馆，如陶瓷手工体验馆、潮州美食餐馆、陶瓷工艺品店、文化展览馆等。为潮州市民与外来游客提供亲子娱乐、休闲观光的场所，并借此机会宣传陶瓷文化，以文化特色街为载体，将潮州陶瓷文化带到大众视野中。

为了将陶瓷文化充分融合到旅游当中，可以在文化街内打造一批高质量和多样化文化特征的陶瓷文化舞台剧、影视剧、音乐、图书等各类文化产品，并以"短视频+直播"社交平台为新载体与传播主渠道，不定期接受电视媒体或平面报纸报道，讲好自媒体时代的潮州故事、凤塘镇故事、陶瓷非遗故事等，不断增强中国瓷都对各地游客的吸引力。

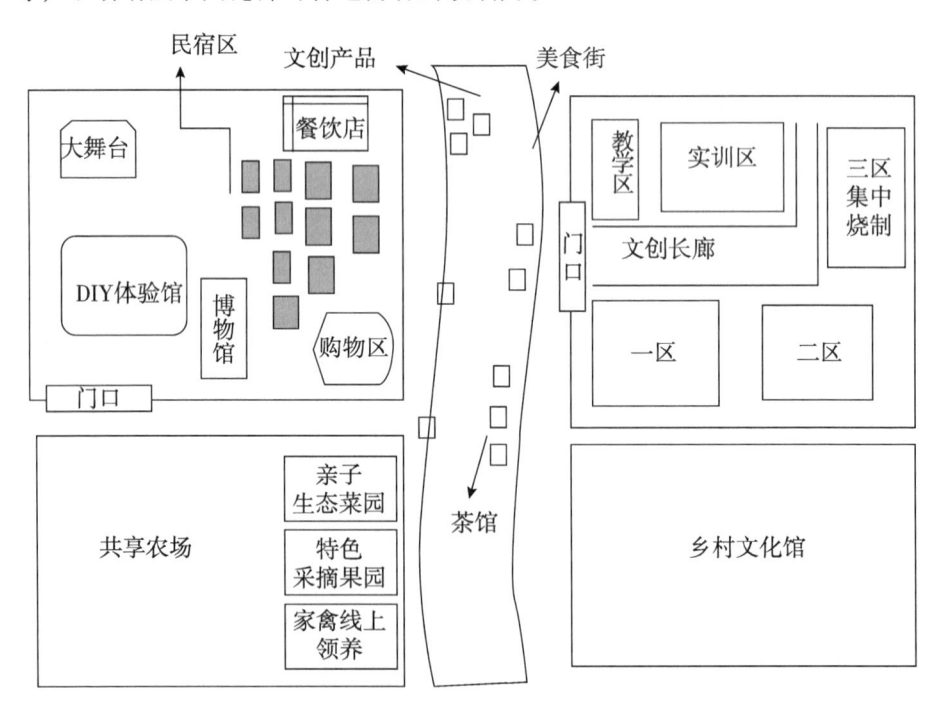

图 2　"陶瓷+"跨界融合园区平面图

为此，我们根据以上思路设计了"陶瓷+"跨界融合园区平面图（见图2）。我们认为凤塘镇应在探索中创新，于创新中发展。凤塘镇可把"农、瓷、旅"三产融合作为打造乡村振兴新业态的重要突破口之一，紧盯市场需求，做强做精陶瓷特色旅游产业，加强资源整合，着力提升乡村旅游产品和线路的市场竞争力。只要找好定位、凸显特色，让"农、瓷、旅"融合既满足游客"诗与远方"的需求，又带动当地农民增收，推动乡村振兴走深走实，为全国乡村振兴提供"潮州模式"。

四、平台创新：以平台美镇

（一）搭建数字化全流程智能智造平台

依托瓷泥产业园的建设，凤塘镇可着力打造"原料标准化、自动化及数字化生产"标杆项目，打造行业首个数字化全流程智能智造平台，树立陶瓷产业集群数字化转型标杆。

规划建设瓷泥产业园区，通过有效整合原有分散在辖区内的各类瓷泥企业，引导符合条件的企业转移进驻，加大技术研发，丰富瓷泥种类，并通过深加工将较差的原材料变为优质材料，实现资源的合理利用，促进绿色环保生产，着力打造"陶瓷美镇·智造凤塘"的智能厨卫中国示范镇。

打造瓷泥产业园，可由原料加工企业和陶瓷生产企业联合组建原料厂，解决产销对接问题。在技术方面，先将原矿加工成标准化原料，再根据用户要求，用标准化原料配制不同的瓷泥，以解决大规模生产与瓷泥多品种、小批量之间的矛盾，满足不同用户的需要。

（二）建立数字化示范工厂

基于工业互联网平台，建立数字化示范工厂，通过"5G通信、数字孪生、大数据、AI人工智能、BI辅助决策"等技术，推广使用自动化或半自动化生产线100条以上智能化的生产流水线，以新技术激活地域传统陶瓷文化资源，打造一个高质量发展的模式，为产业发展插上智造翅膀，实现从客户订单获取，到研发设计、采购供应、生产制造、仓储物流，最后到市场投放和销售服务全业务链数字化运营，实现提质、增效、降本、减存。主动学习佛山智能制造经验，用好陶瓷智能装备，调动凤塘镇各方面制陶技艺传承创新、陶瓷产业发展提质升级的积极性，建设陶瓷智能装备制造园区，开展数字绿色技改专项。

总之，仅靠凤塘镇自身力量要达到上述目标势比登天，可以结合当前深圳帮扶潮州之际，建议将凤塘镇打造"中国智能厨卫示范镇"作为深圳帮扶的示范镇，打造成全国乡村振兴示范镇，由深圳代管，建设"飞地产业园"，享受深圳优惠政策，建设"潮商国际产业园"，实行"潮人治潮"，吸引海外潮人回乡投资创业，破解建设资金不足难题。

附录3：潮州陶瓷产业创建国家级转型升级创新示范区的意义与建议[①]

摘　要：陶瓷产业是潮州的传统优势产业，但随着市场竞争的加剧，传统陶瓷产业面临诸多问题，亟须转型升级。为此，潮州市政府提出了创建国家级转型升级创新示范区的战略目标，旨在推动潮州陶瓷产业由传统制造向智能化、绿色化、高端化转型升级，实现高质量发展。本文提出了优化产业布局、加强陶瓷设计创新、强化技术创新以及加快陶瓷产业数字化发展等方面的对策措施，以期为陶瓷产业转型升级提供参考。

关键词：转型升级；国家级创新示范区；高质量发展；潮州陶瓷产业

潮州陶瓷产业是广东省的传统优势产业之一，具有厚重的历史底蕴和地区特色。然而，随着经济全球化和市场化程度的不断提高，潮州陶瓷产业也面临着巨大的压力和挑战。一方面，国内外市场竞争激烈，行业利润持续下滑；另一方面，传统工艺技术的单一化和落后性限制了潮州陶瓷产业的发展，无法满足新兴市场和消费者的需求。

为了推动潮州陶瓷产业的转型升级，提高其创新能力和市场竞争力，政府提出了创建国家级转型升级创新示范区的战略目标。该示范区旨在通过重点开展技术研发、产业集群、产品升级等方面的工作，促进潮州陶瓷产业从传统手工业向智能化、数字化、品牌化的现代产业转型，实现"古法新制、中西融合、文化创新"的发展目标。

---

① 本建议发表于《潮州社科》2023年第2期。执笔人：李毅。

一、创建国家级转型升级创新示范区的意义

《中国制造 2025》提出转型升级、提高产品质量，需要通过国家级创新示范区的建设来推动新一代信息技术与制造业融合发展，推动制造业向高端、智能化转型升级，从而加速潮州陶瓷产业的创新发展。

国家级转型升级示范区是一种政策工具，在推动经济发展和优化产业结构方面有着独特的作用。如果能够创建国家级转型升级示范区，对潮州陶瓷产业发展的意义也是不言而喻的。

（一）有利于优化产业结构，促进陶瓷产业技术升级和产品升级，为行业注入新活力

国家级转型升级示范区的创建，可以推动本地产业的转型升级。示范区作为国家级的产业示范基地，具备政策支持、资源整合、技术指导等资源优势，为企业提供重要的产业政策和资金扶持。示范区的创建，也有助于落实国家产业政策，为企业发展提供了一个更加宽广的舞台。

通过转型升级，潮州陶瓷产业可以把握全球经济转型趋势，优化产业结构，加强高附加值服务业的发展，推进产业变革和升级。国家级转型升级示范区可以提供资金、技术和人才等支持，推进陶瓷产业技术升级和产品升级，促进陶瓷产业在设计、研发和生产等方面的创新。

（二）培育优秀企业和品牌，有利于优化产业结构，推动陶瓷产业转型升级

通过示范区的建设，可以集中扶持企业，引导企业向品牌和附加值高、创新性强方向发展，有利于培育一批具有冠军优势的企业和品牌。

创建国家级转型升级示范区，可以加强企业间的交流合作，推动不同制造环节之间的融合，进一步提升企业陶瓷设计和工艺创新能力，开发更具市场竞争力的高附加值产品。国家级转型升级示范区可以吸引相关产业链上下游企业入驻，实现陶瓷产业转型升级，进一步提升陶瓷产业的产业链整合水平，实现陶瓷产业的转型发展。

（三）有利于加强技术创新，为行业注入新活力，提升竞争力

潮州陶瓷产业如今已经面临艰难的转型升级阶段，需要寻找新的发展方向。国家级转型升级示范区可以为该产业的科技创新提供支撑，进一步完善技术平台建设，加强技术交流与合作，推进陶瓷产业的升级与转型。同时，示范区内的企业也可以获得政策支持，增加研发投入，探究新材料、新工艺、新模式等创新方向。通过技术转移和技术集成的方式，示范区的创建可以为当地企业带来前沿的技术和人才。示范区为创新型企业提供了投资、研发等多种形式的支持，推动企业实现向高端、智能化生产方式的转型。这样，依靠先进的生产技术和管理模式，可以提高当地企业的整体素质和竞争力。通过引进新技术、新工艺、新产品等创新元素，以及通过制定相关政策法规，促进投资增长，并加快资本市场开放，潮州陶瓷产业将更加适应市场和消费者需求，不断更新和改进产品，不断拓展市场和客户。

示范区建设可以为企业搭建更好的技术创新平台，扶持企业进行技术创新、工艺创新和管理创新等工作，促进陶瓷企业从传统制造向数字化、智能化、绿色化的方向转型升级。国家级转型升级示范区的建立可以归纳经验和推广成功经验，优化潮州陶瓷产业结构，提升陶瓷产品的竞争力和市场占有率。

（四）加速智能制造转型，促进陶瓷产品升级，有利于推动潮州陶瓷产业高质量发展

通过引导潮州陶瓷产业加快消化吸收先进技术，实现智能化制造，从而提升生产效率，提高产品质量，减少能源耗费。随着消费市场的需求不断升级，潮州陶瓷产业需要加快推动新品种的研发甚至在新的领域进行探索，才能更好地适应市场和顾客需求，同时在差异化发展中实现长期和稳定的发展。

建设国家级转型升级示范区有利于推动潮州陶瓷产业的转型升级，提高产品附加值和市场竞争力。同时，建设国家级创新示范区可以吸引更多的企业和资本进入潮州陶瓷产业，形成技术创新生态圈。通过创建国家级转型升级示范区，可以进一步推动潮州陶瓷产业高质量发展，提高品牌和市场竞争力，为潮州市经济健康可持续发展提供有力支撑。

二、潮州建设陶瓷产业转型升级创新示范区的问题与挑战

当前，潮州陶瓷产业面临巨大挑战。一是世界范围内新型陶瓷的不断涌现。随着新型材料、高新技术的发展，新型陶瓷材料不断涌现。例如，氮氧化硅陶瓷、高分子陶瓷等，这些陶瓷材料具有一些传统陶瓷材料不具备的先进性能和应用特点，并且有助于提高潮州陶瓷产业的竞争力。二是科技创新推动陶瓷产业的转型升级。科技创新可以帮助潮州陶瓷产业实现从低附加值产品向高附加值产品的转型升级。例如，智能马桶的出现，已经成为陶瓷产业发展的一个新的增长点，有助于提高产品附加值和市场竞争力。

潮州陶瓷产业正面临着转型升级的艰难阶段，以往的技术和生产方式已经无法支持该产业的发展。在创建国家级转型升级示范区的过程中，需要正确处理以下问题。

（一）传统工艺仍需保留并创新

从潮州陶瓷工艺上看，传统工艺仍然是该产业的优势。保护并开发传统技艺，促进传统技艺与现代生产管理相融合，既可以保留传统艺术文化，提高产品质量和档次，同时也可以扩大出口，宣传海外市场，打造国际知名品牌。

（二）陶瓷产业的准市场化面临挑战

潮州陶瓷产业经营模式传统，部分企业产能从完成订单走向自主开发，市场化程度不高，存在着供需不平衡的问题；有的企业虽然专注于研究新技术，但面对市场中高品质、高附加值的需求未能及时地开展实验和改进。因此，在转型升级过程中，需要不断推进市场化经营，增加节能降耗，提高企业的品牌价值和附加值。

（三）缺乏核心技术和瓶颈技术

目前的潮州陶瓷产业中的科技含量和基础设施建设都相对薄弱，虽然在日用陶瓷和装饰陶瓷方面有一定的成就，但在陶瓷新材料、新工艺方面较为欠缺，尤其是智能卫浴的关键技术创新，还需要加强科技创新，促进科技创新与应用的转化，为企业提供强有力的技术支撑。

三、国家级转型升级创新示范区的建设内容和目标

（一）建设内容

1. 潮州陶瓷产业的转型升级示范区将从以下几个方面进行建设：
（1）推进产业科技创新，促进产学研互动；
（2）优化产业布局，构建完整陶瓷产业生态链；
（3）加强陶瓷文化传承和创新；
（4）推动企业转型升级和品牌培育。

2. 陶瓷产业格局的转型与新布局
（1）从陶瓷生产向智能马桶技术创新迈进，建设智能马桶示范区。

陶瓷作为传统制造业，相对于新兴技术而言，市场上的地位逐渐下降。然而，随着科技的不断进步，陶瓷材料的应用也逐渐发生了变化。智能马桶的制造中，陶瓷材料的使用率逐渐增加，这是陶瓷产业的一次转型。

智能马桶作为现代生活的一个重要组成部分，在家庭和公共场所的需求量越来越大。潮州陶瓷产业可以以智能马桶为代表，推动陶瓷产业的技术升级和产品升级，提升潮州陶瓷产业的国际竞争力和影响力。

在智能马桶示范区中，可以整合当地的陶瓷企业和高校科研机构，通过开展产学研合作，探索智能马桶产品的研发和生产。同时，加强智能马桶产品的品牌建设和市场推广，依托示范区扩大生产规模和市场占有率，进一步提升陶瓷产业的整体实力。

（2）日用陶瓷市场的拓展，建设日用陶瓷示范区。

日用陶瓷是陶瓷产业的大宗产品之一。通过售后的市场调查和消费者需求分析得知，日用陶瓷的产品设计和售后保修服务都具有相当的潜力。因此，在国家示范区的带动下，潮州陶瓷产业在技术上、设计上、售后服务上都将迎来一次重大变革。

首先，需要确定示范区的规模和地点。一般来讲，示范区的规模应该适中，足以展示各种陶瓷制品的品种和风格，同时也要考虑到参观游客、展示区域等因素，地点最好选择交通便捷、人流量较大的地段，便于宣传和推广。

其次，需要考虑展示陶瓷制品的布局和设计。可以根据陶瓷制品的种类和特点来进行分类展示，如茶具、餐具、花瓶等，也可以根据风格来布局，如古典、现代、艺术等。在设计上，可以考虑 AR 虚拟现实技术、灯光、展示柜、展示面积等因素，营造出独特的展示氛围，吸引游客的注意力。

最后，需要考虑宣传和推广。可以通过各种途径来宣传示范区，如网站、旅游指南、当地媒体等，还可以组织一些活动，如陶瓷制品展览、操作技巧讲解、制作体验等，吸引更多的游客前来参观和体验。

（3）艺术陶瓷市场的升级，建设艺术陶瓷示范区。

未来几年，中国陶瓷市场可达到 2000 亿元以上，代表了一个不可忽视的、又富有创造性的市场。艺术陶瓷的制造不仅具备艺术价值，而且具备商业价值。尤其是近几年，艺术陶瓷逐渐从花瓶、盘碟转向工艺品和艺术品，这为潮州陶瓷传统产业的转型升级提供了新的机遇和挑战。

艺术陶瓷作为潮州陶瓷产业中的一个细分领域，可以成为产业转型升级的重要突破口。在艺术陶瓷示范区中，可以引入设计师和艺术家等优秀人才，探索陶瓷与其他艺术形式的结合，创造出更具创新性和文化内涵的产品。

与智能马桶示范区相似，艺术陶瓷示范区也要充分发掘陶瓷企业和高校科研机构的合作潜力，开展产学研合作，加速产品研发和生产。与此同时，积极参加国内外艺术展览，加强与国际艺术交流，提高陶瓷产业在艺术领域的影响力和人文价值。

（二）建设目标

示范区建成后，潮州陶瓷产业的转型和升级将迈出更坚实的一步。具体目标如下。

1. 在 5 年内形成科技含量高、品质优良的陶瓷产品线，提高产品质量，拓宽市场。

2. 在 10 年内构建完整的陶瓷产业生态链，提高全行业的整体竞争力。

3. 在 15 年内，实现全市陶瓷产业的数字化运营，使生产力、效益和品质大幅提升，吸引更多消费者。

四、创建国家级转型升级创新示范区的思路与保障措施

（一）思路

1. 创新智能马桶技术

随着人们生活水平的提高，对卫浴产品的需求也日益提升。智能马桶作为卫浴产品中的高端品种，未来的市场前景非常广阔。因此，在潮州陶瓷产业中引进智能马桶技术，定制国内市场和国际市场需求的产品，拓展在这一领域的市场份额，对潮州陶瓷产业的发展将起到积极推进的作用。

2. 开发多样化的日用陶瓷产品

日用陶瓷作为大众消费品，其市场需求量极大。目前，潮州陶瓷企业在这一领域的产品类型比较单一，难以满足不同类型消费者的需求。因此，需在潮州陶瓷产业中开发多样化的日用陶瓷产品，包括碗碟、餐具、茶具等，关注多样化的产品款式，充分发挥陶瓷的特点，为市场提供更多的选择，这也将带领潮州陶瓷产业快速进入大多数人生活的领域。

3. 提高艺术陶瓷设计水平

艺术陶瓷设计是潮州陶瓷产业的一大亮点和优势，也是潮州陶瓷产业所需要关注的重要领域。针对传统陶瓷技术的限制，陶瓷设计水平需要得到提高，建议结合中华传统文化，融合世界优秀文化，创新艺术陶瓷设计理念。

（二）保障措施

1. 加强政策指导和资金扶持，优化政策环境，提供产业支持

政府应制定相关优惠政策，给予国家级转型升级示范区适当的金融支持、财政补贴等扶持措施，以吸引企业入驻，推动陶瓷产业升级和发展。政府需要优化政策环境，并出台系列扶持措施，为潮州陶瓷产业转型升级开辟合适的产业支持道路。

2. 加强人才引进和培养，提升产业科技研发水平

需要增加引进和培养一些高水平人才，为潮州陶瓷产业的企业提供更多的先进技术和先进管理经验。应大力推进陶瓷产业科技研发和技术创新，增强企业自主创新能力，扩大产业创新链。同时，积极引进国际化人才和跨行

业合作,提升陶瓷产业的研究和发展能力。

3. 加强陶瓷文化服务与产品的推广,强化市场营销和品牌建设

需要加强陶瓷文化服务和产品推广,提高陶瓷产品的市场份额。要加强本地化文化宣传,展示潮州陶瓷产业的特色和艺术价值,推动消费者增加文化认同感。企业应该注重市场营销,加强品牌建设和推广,增强产品销售力,并提高产品附加值和差异化。

4. 建立完善的管理和服务体系,加强标准规范和优质认证

示范区需要建立一个完善的管理和服务体系,使企业和产业更有竞争力和持续性,从而保持更高的市场份额和更大的盈利率。应制定适当的标准规范和优质认证体系,提升潮州陶瓷产业的质量存在感,营造完整、公正、标准的陶瓷产业环境。

附录4：提升认知维度　创新设计理念助力陶瓷产业高质量发展[①]

2023年3月14日，潮州举办第二届"新设计·新发展·新格局"为主题的"市长杯"工业设计大赛颁奖典礼，这也是潮州不断促进工业设计与工业制造的深度融合的一个缩影。工业设计不仅是工业经济的价值内核，也是潮州实现产业转型升级的重要突破口。潮州如何围绕"新设计·新发展·新格局"为主题设计规划陶瓷产业转型升级，实现高质量发展？如何发挥工业设计对潮州陶瓷产业创新发展的重要作用，以工业设计赋能陶瓷产业转型升级？

一、何为新设计

新设计之"新"在于设计理念、形态、方法、手段、工具、路径的"六位一体"，既是秉持新发展理念的整体构想，又是构建新发展格局的有效路径，更是全新的以社会重大现实需求为导向的策略性问题解决方案。

因此，新设计要以产业创新和产业提升为目标，为产业高质量发展提供解决方案，而不仅仅是产品设计这一个维度。多维度系统设计和解决方案的设计是新设计的未来方向，只有不断提升认知维度，才能创新设计理念。

创新理念来自灵感，灵感来自高维认知。为此，潮州工业设计需要：跳出潮州设计潮州，跳出地球看潮州，站在月球看潮州，站在太空看潮州，放大设计的视野、放大设计的维度，从高维看低维，我们能够看得更清，设计思路会更精准。所以，潮州陶瓷产业高质量发展也需要跳出"陶瓷"发展陶

[①] 本建议为广东省决策咨询基地韩山师范学院陶瓷产业研究中心（智库平台）系列成果之一，也是潮州市社科联应用型重点项目"潮州创建国家级陶瓷产业转型升级创新示范区研究"阶段性成果。执笔人：李毅。

瓷，才能加快潮州陶瓷产业转型，形成新的发展格局。

二、如何实现新发展、新格局

（一）创新设计理念，以设计驱动创新，以创新促发展

创新是引领发展的第一动力，创新是可以设计出来的，是需要精心培育和设计的；做好产业发展的顶层设计，是实现新发展、新格局的前提条件。故此，潮州需要培育创新环境，需要从领导型政府转变为服务型政府。应加快优化营商环境的步伐，以提升服务企业的效率为政府工作宗旨，切实为企业排忧解难，想企业之所想、急企业之所急。

（二）具体做法

1. 提高站位和认识。做好陶瓷产业升级的顶层设计，需要提高认知维度，跳出潮州看潮州，跳出潮州发展潮州，跳出潮州设计潮州。

2. 明确产业定位。将潮州陶瓷产业发展纳入全球产业链视野进行设计，抢占产业制高点，主动融入国家发展战略体系进行设计，主动融入粤港澳大湾区产业链中进行设计。

3. 做好资源整合。借势用力，形成合力。

（1）借助海外潮人（商）力量，创新设计理念，整合海内外潮汕人，主动融入海外潮商产业链体系进行设计陶瓷产业链，做好陶瓷产业的延链补链工作。

（2）借助援潮建设力量，提升陶瓷产业创新设计能力。利用好深圳帮扶潮州之际，借助深圳市力量，优化工业发展顶层设计理念，将潮州陶瓷产业高质量发展纳入深圳产业链中进行设计，形成产业链上下游。建议划出指定片区建设"深潮高新技术产业园"，此园区由深圳代管，纳入深圳高新技术产业园区，享受特区优惠政策，吸引海外潮人回潮投资创业，潮州做好配套服务工作，确保园区顺利建设和基本配套服务，共享税收（按照税收八二分成，八成留给潮州加快发展）。具体做法可以借鉴苏州高新区经验，新加坡参与管理园区。

（3）借助韩山师范学院、深圳大学等（乃至国内外）高校专家人才与智

力支持，联合组建智库产业链，强化陶瓷产业设计人才培养，尤其是设计的创新理念培养，加快陶瓷产业链设计人才培养；引领企业家与企业成长，建议联合韩山师范学院创办企业家大讲堂，助力企业家成长。

4. 做好陶瓷产业的"产品设计—产业设计—产业链设计—跨界融合发展设计与商业模式设计、平台设计"等相结合，形成合理产业布局设计，为陶瓷产业发展提供系统解决方案设计。此外，还需要处理好产品设计、产业设计、产业链设计、跨界融合发展设计布局等之间的系统协同性关系。

三、新设计的未来方向

1. 陶瓷产业设计要强化绿色低碳与智能化协同、循环经济发展等与高质量发展相结合的应用场景设计。

2. 发挥好陶瓷产业在协同推进乡村振兴、区域协调发展和新型城镇化战略方面的应用设计，如"陶瓷+餐饮+田园民宿+智慧农业"、关于陶瓷产品应用场景的"设计—制造—物流—销售"全产业链的线上生态服务系统设计等。

3. 陶瓷产业链重组与价值链整合方面的设计，突出"设计前置、创新协同、产能共享、产业链供应链自主可控"的产业模式系统解决方案设计，实现设计产业化与产业设计化。这方面可以考虑联合深圳市设立公共设计研发平台（研发中心），将研发中心设在深圳便于吸引国际优秀设计人才；培育陶瓷智库产业集群；地方政府、高校应充分重视"科技副总""产业教授"在校企合作中的作用，鼓励高校为陶瓷企业设计解决"卡脖子"难题，开展科技成果转化；打开更深层次的校企合作大门，如政府帮助陶瓷产业链企业在高校成立现代产业学院、引入企业实验室、设立本科生定点实习基地。

4. 打造陶瓷产业高质量发展的政策链、人才链、产业链、技术链、资金链"五链融合"的产业新体系设计，即服务陶瓷产业发展的高质量智库产业集群设计。陶瓷智库产业以智库为载体，以人才为依托，以智库产业示范区为孵化器为重要抓手，参与主体包括政府、企业、科研机构、智库机构，分别发挥不同的功能。为此，建议：一是用好高校人才与智力，共谋发展，利用好深圳帮扶之际，建立潮州—深圳两地高校智库联盟，在韩山师范学院设立智库产业示范区,作为潮州工业创新设计的孵化器。二是依托"市长杯"大赛平台形成"设计推动、资源对接、产业升级、合作共赢"的区域合作新格局,将潮州陶瓷优势特色产品设计拓展到系统设计、服务设计、生态设计等产业链、价值链高端层级,延伸设计服务产业链条,整合产业资源,提升设计全价值链和全产业链服务能力,促使潮州—深圳区域联动、协同发展的新格局加速形成,打响点亮"潮州陶瓷"设计品牌。

四、助力陶瓷产业高质量发展的设想

(一)发挥工业创新设计对潮州产业转型升级的服务和引领作用,推动潮州陶瓷产业实现高质量发展

高质量发展受到产业配套情况、人才情况、资源情况、政策情况、营商环境、内外部环境、企业经营管理水平等诸多因素影响,是一个系统工程,单靠发挥工业创新设计可能很难实现,需要以工业创新设计驱动潮州陶瓷产业链的构建和智库产业链的构建。陶瓷产业需要通过工业创新设计来强链补链延链,需要诸多要素的协同发展才可以实现潮州陶瓷产业转型升级,实现高质量发展。其实,潮州可以抓住援潮建设机遇,利用好深圳对潮州帮扶的机会,从陶瓷产业链创新设计上下功夫,主动融入深圳(粤港澳大湾区)产业体系中,通过强链补链延链,强化陶瓷产业链方面的设计,应该是一条可行之路。

潮州陶瓷产业高质量发展,首先需要从产业顶层设计上进行布局,先做好陶瓷产业的顶层设计,这是前提。其次,需要做好产业链重组与价值链整合方面的设计,突出"设计前置、创新协同、产能共享、产业链供应链自主可控"的产业模式系统解决方案设计,需要"跳出陶瓷发展陶瓷",从产业链和实际应用场景的创新上来设计,促使陶瓷产业转型升级,实现可循环发展模式和智能化模式,充分利用好海外潮商的渠道,从全球产业链布局上来设计,将产品设计—产业设计—产业链设计与商业模式设计、平台设计等相结合。

1. 打造以陶瓷龙头企业为航空母舰,中小微陶瓷企业为护卫舰,协同作

战，重新进行产业链重组与价值链整合设计。可以采用"1+N"模式，1为龙头企业，N为中小微企业；也可以培育有成长性的企业为新的龙头，采用"1+99"设计模式培育新的上市公司，这里"99"为虚数，可以是任何数字，将产业链上诸多中小微企业整合起来，利用好深圳帮扶关系，引导两地企业加盟陶瓷产业链。

2. 打造政策链、人才链、产业链、技术链、资金链"五链融合"的陶瓷产业新体系设计，即服务陶瓷产业发展的高质量智库产业集群设计。以陶瓷智库产业示范区为孵化器和重要抓手。参与主体包括政府、企业、科研机构、智库机构，分别发挥不同的功能。充分利用好韩山师范学院、深圳大学等高校师生，强化设计人才培养，尤其是设计的创新理念培养，加快陶瓷产业链设计人才培养。

3. 做好顶层设计，建议利用好深圳帮扶潮州的契机，在深圳设立中国瓷都设计研发国际协同创新中心，将陶瓷产业的研发和科技创新协同中心嵌入粤港澳大湾区建设中去，融入国家发展战略。由于潮州地理环境和生活环境与深圳差距较大，不利于吸引高端人才，借助深圳国际化大都市的优势，便于吸引陶瓷行业的国际高端创新人才，为潮州陶瓷走科技创新之路吸引国际化高端人才。做好陶瓷产业顶层设计，构建好陶瓷产业生态链的整体布局设计，是促进潮州陶瓷追回"失去的十年"的重要举措，也是实现陶瓷产业高质量发展的唯一途径。

（二）陶瓷产业链的创新设计与文化、科技相结合带动陶瓷产业高质量发展

文化具有开放性、包容性和延展性，也是一个广义的概念。潮州不能一直停留在自己的潮文化孤芳自赏阶段，需要以开放包容的心态融合发展。

陶瓷产业设计需要融入现代化的高科技技术元素，如光感技术、虚拟现实技术，动漫艺术设计等多维多元文化元素的综合呈现，将高科技技术与传统陶瓷结合，利用好光感、音感等高科技手段，展示陶瓷艺术的美感，通过高科技手段展示陶瓷产业的现代美、古韵美，将中华传统文化、世界优秀文化融合在陶瓷产品设计中，再通过高科技手段展示出陶瓷的内在美、外在美，

给消费者/顾客一种视觉、感官和心灵上的享受。如在广济桥上演水幕电影、陶瓷产业灯光秀、韩愈治潮及韩愈诗词秀等，让游客感受现代科技在陶瓷产业上的应用，既把高科技用于展示，又可以很好融入文化元素，还能实现"陶瓷+科技+文旅"等产业的融合发展。积极拓展环韩江自行车赛等体育赛事，将潮州文化古城体育赛事做成类似于贵州"村超"知名品牌，将游客流量变为存量，拉长游客停留潮州时间。

当然，产业发展和设计第一要素是人才，"教育强国、人才强国"，要想实现陶瓷产业、设计与文化和科技相结合，将创新落地，首先是设计人才是否具备高维设计理念？是否具备将文化与科技元素融入设计理念的能力？能否做出符合时代潮流的设计？是否具备带动产业发展的系统方案设计能力？

未来的设计绝对不是单一产品的设计，而是产业链和商业模式的融合设计。一个好产品需要一个好故事，这个故事需要与文化、科技完美结合；还需要一套好的商业模式，"酒香不怕巷子深"的时代已经过去了，不是说有好的设计有好的产品就一定有市场。再好的设计，如果不能很好地融入产业链设计，不能与商业模式融合，也很难落地。所以，创新需要将"产品设计—产业设计—产业链设计与商业模式设计、平台设计"等相结合，只有把产业协同创新和产业链协同设计相结合才能将创新落地，带动陶瓷产业高质量发展。

（三）扩大潮州陶瓷国际影响力

1. 潮州需要从平台影响、艺术影响、文化影响等方面入手，提升"中国瓷都"聚焦度、显示度和美誉度。平台方面：重点打造潮州会展中心、国际瓷艺城、中国茶具城、跨境电商物流园等国际陶瓷博览交易平台，打造国际陶瓷艺术村等国内外艺术家聚落，建设潮州窑国家考古遗址公园等一批文旅融合项目，以及培育国际陶瓷文化艺术、全国器与茶产业、花盆及高端餐具产业等三个聚集区。艺术方面：重点抓好陶瓷知名大师工作室建设，策划举办潮州国际陶瓷博览会、"中国瓷都·潮州陶瓷"丝路行等一批高端活动，举办中国传统陶瓷艺术展、"中国瓷都·潮州陶瓷"国际陶瓷艺术大奖赛、"市长杯"中国（潮州）陶瓷工业设计大赛等一批权威赛事。文化方面：重点围绕"潮州陶瓷从哪里来，经历过什么样的发展"开展专题研究，推出一批文化研究成果，深度讲好潮州陶瓷故事，推进潮州瓷烧制技艺申报联合国教科文组织人类非遗代表作名录。

2. 增强工艺创新力。潮州要从科技创新、数字赋能、绿色制造等方面入手，推动潮州陶瓷从传统向高新、从低端向高端、从制造向智造迭代升级。科技创新方面：重点需要推进壮大碳化硅、氮化硅、碳纤维等新材料产业，抢占新材料赛道；引入机器人、5G 技术、元宇宙、数字孪生等前沿科技，让更多新技术在陶瓷产品找到应用场景；全面推进省级高新区创建工作，打造一批高水平众创空间和科技企业孵化器，不断提升科创水平。数字赋能方面：重点发展针对行业算力需求的"云计算"中心，力争每年新增 100 家企业"上云上平台"；深化数字绿色技改专项行动，推广工业 App 典型应用案例 2 个，每年推广运用自动化、信息化、智能化成型生产线设备 100 台（套）以上。绿色制造方面：重点注入绿色发展理念，启动窑炉节能化改造项目，构建再生资源回收利用体系；建立以卫浴、日用、工艺陶瓷为试点的陶瓷价格指数等各类应用型指数，合理引导资源配置，提升产能调控水平；申报建设国家日用陶瓷产品质量监督检验中心，加强产业标准化建设，提高行业话语权。

3. 提升市场竞争力。潮州要从龙头、设计、品牌、营销、电商等方面入手，主动服务和融入新发展格局，提升产业竞争力、附加值和市场占有率。龙头方面：重点实行"揭榜挂帅"，制定专项惠企扶持政策，确保落地 1~2 家龙头企业，力争培育省市级龙头企业超 50 家；加快构建中小企业成长链条，鼓励上下游企业联合重组，推广生产共享模式，形成大中小企业良性互动、协同发展的良好格局。设计方面：重点发挥韩江实验室、韩山师范学院—深圳大学等陶瓷行业工业设计研究院所作用，通过世界陶瓷设计大会、"市长杯"中国（潮州）陶瓷工业设计大赛等，提高工业设计水平；建立国际陶瓷设计联盟，建设陶瓷设计师云平台"瓷匠集"，打造全球陶瓷创意设计孵化平台。品牌方面：重点将"中国瓷都·潮州瓷"打造成享誉世界的公共品牌，强化"潮州瓷""潮州窑"等文化标识和世遗品牌，加大企业、个人、产品等 N 个品牌扶持力度，深化"大师 IP+"模式，培育"1+N"品牌体系，力争 1~2 家企业品牌进入全国十大陶瓷品牌。营销方面：重点将加强与"一带一路"、RCEP 成员国建立贸易关系，争取 5 年内实现对 RCEP 成员国、"一带一路"沿线国家出口年增长 10%以上；支持企业出口转内销，进一步扩大国内市场占有率；构建"陶瓷+"生态圈，拓展发展空间。电商方面：重点将推动传统电商做强网货品牌，谋划布局海外仓建设，大力推动网络直播转化带动电商销售提升。

附录5：潮州创建国家级陶瓷产业转型升级创新示范区的路径[①]

当前，潮州陶瓷业面临生产成本高、资金筹措难、知名品牌少等问题，陷入近30年最大的困境。如何破圈重生？加快创建国家级陶瓷产业转型升级创新示范区是有效路径之一。示范区建设的总体思路可以初步确定为：示范区由陶瓷研发创新示范区和陶瓷转型升级示范区两部分组成，统筹规划空间布局，推进现有陶瓷企业实施就地改造一批、搬迁进区一批、关停淘汰一批"三个一批"，实现陶瓷行业高端化、品牌化、集约化、绿色化和国际化发展，打造具有国际影响力的"中国瓷都"。

具体创建路径建议如下。

一、狠抓顶层设计，健全陶瓷产业转型升级创新示范区体制机制

在产业转型升级过程中，自上而下做好体制机制建设至关重要。建议成立以市政府班子主要领导为组长，政府、人大、政协分管领导为副组长的市示范区建设领导小组；各主要产区、乡镇成立领导小组和配套组织机构，形成市、区、乡镇领导小组三级联动的工作协调机制。按照主产区空间布局，编制"示范区发展规划""三年行动计划"及年度工作要点，具化目标思路，做到长期有规划、中期有方案、短期有行动。同时，向省政府提交申请报告，争取将潮州陶瓷业发展战略纳入全省整体发展战略，在政策财政补贴方面给予支持。

[①] 本建议为广东省决策咨询基地韩山师范学院陶瓷产业研究中心（智库平台）系列成果之一，也是潮州市社科联应用型重点项目"潮州创建国家级陶瓷产业转型升级创新示范区研究"阶段性成果。执笔人：董平。

二、强化技术创新引领，培育卓越产业集群

目前，潮州陶瓷企业普遍存在自主创新能力差、品牌附加值低、生产成本高、综合竞争力弱等问题。为此，政府需勇担创新引领的组织带头作用，将培养企业的技术创新能力作为重点，培育卓越产业集群，打造陶瓷产业创新驱动发展的格局。

（一）加速推动瓷泥生产标准化、智能化和集约化转型升级

瓷泥企业转型升级，需要从标准化、规模化、系列化和清洁生产等方面提升。针对企业转移成本高、融资难等问题，为企业拆迁转移提供保姆式服务，加大政策性资金投入，鼓励企业撤并整合、转型升级、促进银企合作、帮助解决企业用地等问题。

（二）大力助推卫生陶瓷生产率先实现智能化升级

卫生陶瓷智能化起步早，但受制于厂房建设，智能化制造难以普及。自动化设备需要大量资金和技术投入，应在政策、资金和技术方面给予定向扶持，助推卫生陶瓷率先实现品类智能化升级。

三、补齐短板，布局完善产业供应链

潮州是国内产业链最完整的陶瓷产区，但在供应链设计和架构方面还存在明显短板。以燃料能源为例，新冠疫情和俄乌战争使输气管道受阻，企业生产成本居高不下，同时缺乏补贴能源政策，市场竞争力较弱。能源供应链的调整完善涉及公共资源配套，必须依靠政府力量统筹规划，采取专项投资、引导电企整合、支持企业利用光伏发电、发展绿色能源等措施加以解决。此外，企业用地成本过高也是行业发展的痛点。潮州土地价格相对偏高，城市发展在土地置换过程中又滞后于发达城市，陶瓷业用地指标紧缺，需要政府进行专业规划、全面布局，相关部门联手出台措施，帮助企业解决用地贵、用地难的问题。

四、提升附加值，打造本土知名品牌

潮州陶瓷工艺先进，但本土知名品牌稀缺，产品附加值低，利润空间较小。究其原因：一是受潮汕传统文化影响，二是小企业很难具备做品牌的实力和长期投入，三是宣传力度不够。要打造国字号陶瓷品牌，需制定中长期品牌发展战略，形成规模化的世界级陶瓷先进制造业产业集群。可每年遴选一批重点企业加以扶持，安排品牌宣传和品控专项资金，鼓励媒体全方位加大品牌宣传力度，争取在5年内培养出5~10家中国驰名商标和省级著名商标，扭转"为他人作嫁衣裳"的局面。

五、借力新媒体，推进文旅产业全面融合

潮州陶瓷量质俱佳，但低调内敛的特点已不适应流量经济时代的要求，应充分借力新媒体，实现陶瓷文旅游产业的跨行业协同发展。

（一）探索"陶瓷+旅游"发展模式

以陶瓷、茶、潮州菜和旅游业推进"工业+文化+餐饮+旅游"的融合发展模式，打造"陶瓷工业文化旅游路线"，在主要景区开展旅游品牌创建和旅游产业全链条提升行动，形成多业融合、全域联动的大旅游发展格局。

（二）探索"陶瓷+文创"发展模式

将陶瓷产品设计与发扬潮汕文化理念相融合，细分市场，培育国外客户及国内新中产用户群，提高品牌识别度，获取品牌溢价效应。

（三）创建国家一级陶瓷博物馆和一批陶瓷主题文物保护单位

整合利用古宋窑现有陶瓷文化资源，举办旅游发展大会，创建文旅融合创新发展示范城市，建设一批特色陶瓷文旅街区。

六、筑巢引凤，实施高阶人才战略

潮州陶瓷近年来发展滞后的根本原因是人才匮乏，特别是高端研发人才短缺。为此，应引导行业重视产学研结合，加强与地方院校及科研机构在人

才培养、创新设计、技术改造及材料研发等方面的合作，实施校地人才"共育"工程，同时加快引进"旗舰型"人才项目团队。校企合作方面应强化精准对接：一是切实发挥韩江实验室的研发作用；二是利用好韩山师范学院现有人才资源，特别是近年引进的大批博士；三是鼓励企业建立博士后工作站。

七、高屋建瓴，指导行业转型业态升级

针对陶瓷业外贸经济持续低迷的问题，应积极帮助行业走出困境，并指导行业借此机会实现业态转型升级。

（一）培育"外贸+内销"双市场新业态

发挥潮商会等海内外平台的作用，稳定原有出口市场，拓展受疫情影响较小的新兴市场。同时，引导企业转变观念，积极开拓国内市场，由国际市场"单基地"向国际国内市场"双基地"转变。

（二）推动形成资金供给长效机制

资金短缺是导致企业发展难以为继的最主要原因之一。从短期来看，应协调银行放宽客户准入和担保条件，简化优化审批流程，推出支持企业融资的新型金融工具；引导金融机构优化调整资金投向和使用效率，特别要强化中长期贷款的实施。从长期来看，可设立专项资金、融资风险补偿资金池或企业互助基金，健全支柱产业企业融资风险补偿机制。

（三）持续提升行业综合竞争力

一是加强质量品牌建设。推动陶瓷企业建立全方位的质量管理体系，与珠三角陶瓷产区加强合作对接；优化粤东物流网络空间布局，降低企业非生产性成本。二是扶持龙头企业做优做强，支持开展行业技术和产品标准化管理；改变家族式传统管理模式，实现企业管理现代化。三是优化营商环境。商、关、税信息数据互通，形成保出口、促内销的合力；政府优化流程、降低税费，切实促进贸易便利化。

八、完善公共服务，助力高规格商贸交流合作

目前，潮州还没有与瓷都品牌相匹配的大型会展中心，也未举办过具有

国际影响力的陶瓷展览交易活动。为此,应积极开展公共服务配套建设,推动行业商贸交流合作。

(一)组织高规格陶瓷交易展会,擦亮陶瓷名城名片

为行业拓展发展空间,线上线下要齐头并进。线下:牵头举办国内国际大型展览交流活动,聚集人才流、信息流和资金流;发挥潮州的文化优势,以陶瓷讲述潮州故事,参加高级别推介活动,扩大知名度。线上:鼓励民间资本、专业机构创建直播基地,带动陶瓷企业入驻,利用抖音等短视频平台打造网上交易新渠道;顺应流量经济和数字经济发展趋势,举办陶瓷跨境电商产业峰会,构建陶瓷发展新生态。

(二)完善公共服务配套,为商贸交流提供充足保障

尽快制定方案,用1~3年时间建设成能够举办国内国际博览会的大型展览中心、具有充足接待能力的五星级酒店,引进和培养专业管理人才队伍,建立健全运输、物流、餐饮、卫生、安保等各方面保障机制。

附录6：潮州及其他城市人才引进政策详情

地区	政策
潮州市	潮州市出台新时代人才强市战略总纲性文件、党管人才领导体制机制文件以及高青人才引进、优质服务保障等8个"韩江人才计划"专项制度，构建涵盖引育留用全链条的"1+1+8"人才制度体系。 针对"谁是人才"，潮州市打破以往简单依据专业和学历的认定模式，制定重点人才目录，按照能力水平和业绩贡献，将人才划分为顶尖人才、杰出人才、领军人才、骨干人才、青年人才5个层次8种类型，不论是两院院士等顶尖人才、有重要岗位经历的高端人才还是优秀大学毕业生，都能在其中"对号入座"，获得有力支持。 针对"何以引才"，潮州市大幅度提升人才引进待遇，综合考虑生活水平和购买力，为第一至第三层次人才分别提供每年不低于150万元、120万元和70万元的薪酬，给予优秀本科、硕士、博士及相当水平人才每年最低2万元、最高30万元的生活补助，并对高层次人才科研经费、场地设施、设备仪器等科研配套"一事一议"予以支持。 针对"如何留才"，潮州市大力整合人才服务资源，构建"优才卡"人才服务体系，精心设计专享、共享"两类清单"，创新设置安居、乐业、康养、畅游、文娱5类18项高品质服务项目。在广受人才关注的住房、教育、医疗等方面，推出系列"服务政策包"，人才最高可享200平方米周转房、300万元购房补贴以及公积金贷款5倍提额；人才子女可在全市或所在县区任选公办学校，配偶就业在全市范围内统筹安置或享受每月2000元待业补助；重点医院设立人才医疗保健服务专区，配备健康顾问、专属医疗团队，给予导医导诊。
景德镇市	以人才优先发展引领产业转型升级。立足陶瓷、航空、汽车、旅游"3+1"产业体系，制订专项人才支持计划。对景德镇市重点产业发展能够产生重大影响、具有重大经济社会生态效益的市域外高层次人才及团队的引进，实行"特事特办、一人一策"。制定《景德镇市高层次人才引进实施办法》，建立"景德镇市高层次人才服务卡"制度，在编制、住房、医疗、税收、配偶安置、子女入学等方面开辟绿色通道，构建高层次人才服务保障机制。

续表

地区	政策
景德镇市	加快科技领军人才集聚步伐。积极对接重大引才引智计划，制订景德镇市创新创业人才引进计划、高端人才柔性特聘计划和景德镇籍人才回乡创新创业计划。鼓励支持各地各单位实施各具特色的引才项目，对有助于解决长期困扰景德镇市关键技术、核心部件难题的市域外科技领军型人才，开辟特殊引进渠道，实行特殊支持政策，实现精准引进。 拓宽高层次人才引进渠道。积极搭建院士工作站、博士后科研工作站、博士后创新实践基地等载体，依托高等院校、科研院所、园区、企业等加强引才基地建设。发挥外事、侨务、外专、商会等渠道作用，建立引才机构协同运行机制。与景德镇陶瓷大学、景德镇学院、江西陶瓷工艺美术学院等院校建立战略合作关系，开展科技项目联合攻关，推进科技成果就地转化，搭建创新合作平台，加强人才共同培养合作，提高景德镇市对本地院校高层次人才资源的利用率。鼓励与市域外相关高等院校、科研院所在人才培养、科技研发、科技成果转化等方面开展合作，引进更多外来高端智力来景服务。
临沂市	在激发企业引才用才动力方面，实施企业家精准培训工程，用5年时间对全市规模以上企业分批次、系统化精准培训一遍，引导企业家对人才工作"真重视"。每年评选10家左右"人才引领型企业"，每家企业给予10万元人才专项经费奖励和2个市级人才工程配额，授予企业主要负责人"伯乐企业家"称号，让重视人才的企业家"得实惠"。探索实施企业"按薪定才"评价体系，对企业引进的年薪80万元或年缴纳个人所得税10万元以上的职业经理人、技术负责人等，一次性给予企业最高20万元薪资补助。从高校、科研院所中选派专业技术人才到重点企业担任"科技副总"，与企业联合开展技术攻关、核心产品研发。设立新旧动能人才创业投资基金，实施"人才贷"贴息制度，打通人才、技术、资金融合渠道。开展"千名干部联千企，服务人才助发展"活动，及时协调解决企业在人才引进、培养、使用等方面遇到的困难问题。 在支持企业人才引育方面，采取"一事一议"方式，引进具有国际影响力的海内外顶尖人才团队。对在临沂市入选的国家级、省级人才工程领军人才，根据科研和团队建设需要，给予最高500万元经费支持。推荐外国专家申报中国政府友谊奖、齐鲁友谊奖，分别最高给予10万元、5万元奖励资助。对新认定的国家级、省级重点实验室、技术创新中心、产业创新中心、制造业创新中心等高能级创新平台，一次性奖励200万元、100万元。 在拓宽企业人才引进渠道方面，探索在事业单位公开招聘计划中，面向高层次急需紧缺人才设立"企业人才"专项，推进"编制在高校、服务在企业"共享人才模式，积极为企业引进急需紧缺人才。推进"双向飞地"建设，对经认定的市级人才飞地，给予30万~50万元补贴资金，对市外高校、科研院所联合市内企业在临沂建设的创新平台，给予最高50万元补贴资金。

续表

地区	政策
临沂市	推行"揭榜挂帅"引才机制,对具有重大经济社会效益的项目,给予不低于100万元的资金扶持。支持社会力量引才,对协助市内用人单位引进海内外高层次人才首次来临沂工作的,最高给予20万元奖励,对认定为国家级和省、市级人力资源服务产业园的,分别给予200万元、100万元、50万元一次性奖励。 　　在青年人才引进、培养、使用等方面,发放青年人才购房补贴和生活津贴,对新到临沂"两新"组织就业或创办企业的博士、硕士和全日制本科毕业生,首次购房的分别给予30万元、10万元、5万元的一次性购房补贴;尚在择业期内的博士、硕士和全日制本科毕业生,分别按照每人每月3000元、2000元、1000元的标准发放人才津贴,其中博士首套房住房公积金贷款额度最高可放宽到限额的4倍。同时,发放青年来临"见面礼",对参加人社部门集中开展的"两新"组织招聘面试的非临沂籍本科以上应届毕业生,用人单位可申请按照每人500元的标准发放"来临体验券",用于补贴餐饮、交通等费用,"青年驿站"可免费提供3日内住宿;提供来临实习补贴,分别按照博士研究生、硕士研究生每人每月3000元、2000元标准给予用人单位实习补贴,最长12个月。加大青年人才创业金融支持,为青年创业者个人提供最高20万元、小微企业提供最高300万元创业担保贷款,并给予贴息;对首次领取小微企业营业执照的高校毕业生,给予一次性创业补贴1.2万元,回临创业的给予最高20万元资金扶持。 　　针对《沂蒙创新创业领军人才工程实施细则》,着眼引进培养临沂的高端产业人才,临沂市委组织部副部长、市委人才发展服务中心主任李玉法表示,在加强创新创业领军人才培育方面,将沂蒙创新创业领军人才工程划分为创新、创业、经营管理和技能4个类别,每年遴选50名左右,每名人才给予最高50万元的经费资助或创业补助。 　　在改进人才服务方面,临沂制定了《临沂市"沂卡通·才安心"高层次人才服务体系实施办法》,推出了3类沂蒙惠才卡:第一类是"沂蒙惠才钻石卡",主要是发给30类国家级、省级、市级高层次人才,主要在出入境管理、子女入学、医疗保健等31个方面享受优惠政策和便利服务;第二类是"沂蒙惠才金卡",主要是发给37类人才,主要在27个方面享受优惠政策和便利服务;第三类是"沂蒙惠才畅行卡",凡是具有硕士研究生及以上学历学位的人才都可申领,可在全市范围内商超购物、餐饮娱乐、酒店旅游等方面享受优惠便捷服务。
德化县	泉州市人才"港湾计划"实施以来,德化县紧密围绕县域特色产业需求,不断加大招商、引才工作力度,精准引才育才聚才,优化提升服务水平和营商环境,创新"招商引资+招才引智"联动机制,实现从单一项目招商、政策招才向"项目+人才"打包引进模式的转变,助推德化产业转型升级,推动德化经济实现高质量发展。

续表

地区	政策
德化县	为树立全县招商引才工作一盘棋思想，德化县将县委人才办与县招商办交叉充实到招商工作领导小组和人才工作领导小组中，实现决策同商共议、业务双向进入，打破原先招商引资、招才引智各自为战的工作格局，从组织机构层面打通招商与招才工作的"任督二脉"。同时，统筹整合招商专员与人才政策宣传员两支队伍，举办招商引才政策业务培训，培养招商引才"双料"政策宣传员，实现队伍双向培养；推行人才办与招商办干部定期互派挂职制度，每次各选派1名业务骨干进行交流互派，推动人才工作和招商工作在换位思考中破解难题、优势互补，破除长期单向工作的思维桎梏。此外，实行责任双向压实。在人才工作方面，将"招商引资+招才引智"联动机制成效作为推进人才工作体制机制改革和贯彻落实市人才"港湾计划"的具体项目措施，把引才任务分解到51个招商责任单位，纳入人才工作目标责任制考评内容；在招商工作方面，把引才成果作为评估招商工作成效的重要内容，招商过程中引进的人才或团队经县委人才工作领导小组确认后，作为招商工作目标责任制考评加分依据，调动招商成员单位招才引智积极性。 德化县依托同乡会、异地商会建立招商工作联络点、人才工作联络站等招商引才服务平台，宣传推介德化招商项目、人才政策，加强与在外乡贤沟通联系，打通德化与海内外企业家、高层次人才沟通合作的"最后一公里"。与此同时，明确德化特色产业和地区经济发展主攻领域，有选择地对接引进产业紧缺的高技术含量、高管理水平招商项目，在引进项目的同时配套引进人才、技术和品牌，推动招商引资与招才引智捆绑推进。并借助重大商贸活动中的人才集聚效应，在投资贸易洽谈会、商业展会等活动中同步铺开招才引智工作，把招商项目和人才政策"送上门"，把优质项目和高端人才"请回来"。 为突出政策导向，拓宽招商引才"朋友圈"，德化县以高层次人才"一站式"服务暂行规定等"1+5"系列人才政策和县招商优惠政策为突破口，健全引才聚才政策环境，为投资方和引进人才提供有吸引力的政策支持，并通过人才间口口相传，推动形成"以才引才、以才聚才"的叠加效应，把人才个体变成人才圈、人才链，实现可持续引才。同时，德化县不断强化服务保障，激发招商引才"投资圈"。出台《德化县招商项目服务保障方案》等激励保障文件，由各落户乡镇以及招商（招才）项目服务工作领导小组做好项目链式服务，做好引进高层次人才项目与各创业创新平台、各投资主体、民营企业的对接，帮扶人才项目落地生根。除此之外，德化县还持续强化宣传引领，着力打造招商引才"生态圈"。通过开展"人才政策进企业"、人才"港湾计划"政策推介会、异地商会招商项目推介会等活动，集合现有人才政策和招商政策进行共同推介，并在各新闻媒体上做好同步宣传，帮助企业和人才用好用活各类招商引才政策。

续表

地区	政策
德化县	德化县用人单位在引进泉州市外人才（团队）过程中，坚持"不求所有，但求所用"，突破地域、户籍、社保等限制，通过联合攻关、项目合作、顾问指导、周末服务等多种方式，为德化县经济社会发展提供智力服务的人才引进方式。柔性引才对象应与德化县用人单位签订项目协议或工作合同，并符合《泉州市高层次人才认定标准（2018年修订版）》的高层次人才，若无特别规定，人才服务年限原则上不少于1年，每年在德化工作时间一般累计不少于1个月。
萍乡市	转型升级，人才是支撑。萍乡市先后出台了高层次人才引进实施办法和实施"昭萍英才"计划支持产业转型升级的若干措施，充分发挥电瓷、陶瓷、建材、水稻制种等产业集聚优势，加大高层次人才引进力度。同时，该市加强与萍乡籍在外人才联系，建立萍乡籍在外人才信息库，聘请了4名院士、2名全国金融界高级人才、15名全国知名教授专家担任市政府特聘顾问，为萍乡招商引资、决策咨询发挥了重要作用。 招才引智，载体是关键。萍乡市通过校企合作、科研攻关、搭建平台，做到才为我所用。该市与浙江大学、中南大学、安徽理工大学、上海大学等67所高校（科研院所）达成全面战略合作，借助高校科研平台促成20余项科研成果在萍落地转化。并联合高端人才开展产业项目合作攻关400多项，解决技术难题700多个，获批国家、省级科技项目近200项，开发省级重点新产品100余项，获批上级专项资金近3亿元。此外，该市通过项目合作、技术联合攻关等方式搭建平台载体，为留住优秀人才在萍创新创业，激发人才作用发挥提供舞台。目前，全市共建有国家级企业研发中心3家、省级工程技术研究中心32家，全市科技进步贡献率提高到69%。 人才引得进，更要留得住。萍乡市建立市领导联系优秀人才和定期走访慰问制度，并创新人才激励机制，在经济上给政策、生活上给关怀，全市人才发展环境得到有效改善。该市发展各类融资平台和中小企业担保机构，帮助破解人才创业融资难题；加快推进市级100套人才公寓建设，督促指导建设县级人才公寓1000余套；及时协调解决高层次人才普遍关注的子女入学、医疗保健、配偶随迁等"关键小事"，全市人才荣誉感、归属感和幸福感大幅提升。
醴陵市	柔性引才是在人才引进过程中，突破地域、户籍、身份、档案、人事关系等限制，将人才吸引到本地工作或创业。醴陵的举措可谓两全其美——既让引进的人才造福醴陵人民，又排解了人才的"选择综合征"，消除了外部人才发挥作用与本地管理之间的紧张。围绕省委常委、组织部部长王少峰在全省组织工作会议上提出的"健全以需求导向、靶向实施、质量评估为重点的引才用才机制，推进以市场标准、柔性方式引才用才"，形成了从市场决定、政府引导、以乡情乡愁为纽带的引才机制，到资源共享、智力共享、科

续表

地区	政策
醴陵市	技共享的用才机制，以及其他协同育人机制、多元投入机制、党政领导干部直接联系专家机制、人才服务机制。这可谓掌握了柔性引才的精髓与本质：不求所有，但求所用；不求常在，但求常来。 　　醴陵柔性引才省级试点工作可以概括为四个"链链看"。 　　强化产业链，看人才各显神通。精准对接产业，从内在的发展逻辑出发，推动产业升级。比如，为引导高端人才向产业聚集，营造良好发展环境，醴陵市相继出台《醴陵市鼓励柔性引才实施办法（试行）》《醴陵市科技专家服务团管理办法》《醴陵市"人才绿卡"实施办法（试行）》《醴陵市科技专家服务团工作细则》等政策，在人才引进、人才创业、人才住房、子女入学、配偶就业等方面给予了一系列制度保障。 　　而且，醴陵注重产业带动，以发挥引进人才的红利，不断在培养产业技能人才方面发力，形成系列品牌，达到用一贤人则群贤毕至、见贤思齐就蔚然成风的效果。如举办醴陵市创新创业大赛、评选"十佳产业工匠""十佳技能比武新秀"、举办醴陵市陶瓷技工职业技能彩绘大赛、开展"村播带货"技能培训，举办湖南省2020年工艺美术系列陶瓷地方产业高级职称民营企业评审醴陵专场。 　　完善服务链，看人才如鱼得水。当前，人才竞争已经不单单比拼薪酬待遇，更重要的是人才发展环境的较量。醴陵市以人才服务为纽带，全力打造三个"一对一"服务品牌，让人才如鱼得水：开通人才服务"绿色通道"，实现综合部门"一对一跟踪服务"；建立以"人才绿卡"为统领的"1+4+5"人才服务体系，实现本土企业"一对一专享服务"；通过双向选择、契约管理和绩效激励，实现用人单位"一对一股权激励"。 　　醴陵"人才绿卡"着重从两方面提升人才服务水平，大胆探索"政府+市场"模式，推出湖南省首个县域城市电子"人才绿卡"，全方位服务人才，像一块磁石吸引各方人才。 　　打造共享链，看人才组团服务。突破传统工作模式，着力深化人才发展体制机制改革，创新人才引进方式方法，醴陵探索形成了特色鲜明的"组团式人才共享"模式，积极搭建用人单位和科研院所之间双向流动与双向选择的人才共享平台，引导柔性人才向基层一线流动。这一人才共享，显然是一种方式创新，创新带来的是人才价值得以最大限度发挥，合情合理地优化了人才的资源配置。 　　醴陵以科技专家服务团为抓手，在工业、农业、医卫、教育、文化等领域分别成立专家服务团，综合考量专家意愿、专业方向、用人单位需求等因素，精准对接民生与产业发展，引导专业且具有丰富实践经验的专家（团队）服务基层一线，促进乡村振兴和经济社会发展。

附录7：潮州及其他地区区域品牌建设

地区	区域品牌建设
潮州市	加强公共服务平台建设。鼓励国内外陶瓷企业在潮州市设立采购中心、研发中心、检测中心、中介服务中心、培训中心、会展商务中心、物流中心等，完善提高陶瓷产业的综合服务功能。对新创建省级或国家级企业技术中心、工业设计中心的，分别给予一次性奖励（经认定或验收合格的省级企业技术中心或工业设计中心，奖励10万元，完成创建国家级企业技术中心或工业设计中心的，奖励30万元）。对新认定的市级或省级工程技术研究中心的企业择优给予不低于10万元的资助（由市科技局制定实施细则）。市直企业的奖励金，全部由市财政负责；属县区企业的，市财政负责40%，县区财政负责60%。 　　支持和培育骨干企业、标志性产品形成著名区域品牌。 　　推动企业争创中国世界名牌产品、中国驰名商标、中国名牌产品和中国出口名牌，形成在国内具有较强竞争力的品牌集聚辐射中心。对申报获得中国质量奖、省政府质量奖、市政府质量奖的企业，给予一次性奖励。支持枫溪区创建日用陶瓷"全国知名品牌示范区"，支持潮安区古巷镇创建卫生陶瓷产业"全国知名品牌示范区"。支持鼓励潮州市陶瓷行业协会注册申报"潮州陶瓷"区域品牌，各级政府部门要共同努力将"潮州陶瓷"品牌打造为中国陶瓷的一流品牌，并给予全力的支持。 　　鼓励发展高附加值陶瓷。重点发展高端智能卫浴陶瓷、工业陶瓷、电子陶瓷、功能陶瓷、陶瓷装备、陶瓷新材料和陶瓷创意产业。对鼓励类项目的产业化发展，各级政府要在政策、资金、用地等方面给予扶持。 　　鼓励陶瓷企业"走出去"。鼓励行业集体参加国际展会，提升陶瓷行业在国际市场上的整体形象和实力。总部企业开展海外业务，可优先申请市有关专项资金。
景德镇市	品牌是质量、服务与信誉的重要标志，是企业参与市场竞争的重要资源。"景德镇制"代表了千年瓷都陶瓷的核心价值，凝结了瓷都人民的文化自信。通过打造"景德镇制"区域品牌，擦亮千年瓷都的金字招牌，对推动国家试验区建设具有重要的战略意义，对推动景德镇市陶瓷、文化旅游产业发展都有积极意义。

续表

地区	区域品牌建设
景德镇市	景德镇市市场监管局将聚焦陶瓷行业质量提升、知识产权保护与运用等工作，以"景德镇制"区域品牌保护与重塑工作助力国家试验区建设。一方面，加强协调、调度，细化分解区域品牌重塑和保护工作任务，强化区域品牌建设的属地责任，尽快形成共建共治共享的品牌工作发展格局；另一方面，将加快"景德镇制"标准体系的制定、执行、监管工作，引导和鼓励企业积极参与区域品牌建设工作；广泛开展区域品牌宣传推介，立足陶瓷传统文化，讲好品牌故事。此外，该局还将加大"景德镇制"区域品牌的保护力度，畅通质量投诉和消费者维权渠道，严厉打击假冒伪劣产品，创建良好的陶瓷市场环境。 标准是引领。"景德镇制"标准明确了"景德镇制"的定义和内涵，增加了日用陶瓷釉面硬度、金属刀叉划痕两项特性指标，提出了抗热震性，铅、镉溶出量三项高于国家标准指标。市市场监管局将抓紧对标准制定进行指导和监督，对标准的实施进行监督和检查，确保标准能够真正落地、落实。
临沂市	以罗庄陶瓷产业集聚区为中心，加快建设临沂陶瓷产业转型升级创新示范园。积极争创国家级建陶产业质量提升示范区，建立中国（临沂）陶瓷产业总部基地，加快陶瓷产业国际化步伐。
德化县	一、突破共性关键技术，推动科研成果产业化 支持具有自主品牌、研发设计能力等核心竞争力的陶瓷龙头企业围绕增资扩产、兼并重组等方面转型升级，按龙头企业年度产值同比增速给予分档奖励。对当年度新列入省级工业龙头企业、新增规上工业企业的，分别给予一次性奖励。对新增规上工业企业次年度产值突破6000万元的，再次给予奖励。重点扶持掌握特色工艺、技术、配方，提供独具特色的产品或服务的企业申报专精特新"小巨人"和专精特新中小企业，在上级奖励的基础上叠加市级奖励。 支持泉州市陶瓷科学技术研究所、德化高科陶瓷新材料产业研究院、德化中科陶瓷智能装备研究院等科研机构发展，围绕行业共性关键技术突破和产品创新研发，开展"揭榜挂帅"行动，推动一批科研成果产业化。鼓励研发功能性陶瓷、生物降解陶瓷等新产品，对陶瓷企业在新材料、新技术、新工艺等方面的研发创新给予支持。支持陶瓷企业申报省级技术创新重点攻关及产业化项目，对获得省技术创新重点攻关及产业化项目专项补助资金的，按省级财政补助档次给予叠加补助。建立县级企业技术中心培育库，对获评德化县企业技术中心的企业在县级财政奖励的基础上，市级财政再给予叠加奖励。 二、联合高端工业设计机构，加快跨界融合设计 支持提升工业设计水平和平台建设。建设陶瓷工业设计大数据库和"5G+设计瓷都"云平台。联合高端工业设计机构，开展工业设计节等各种赛事，

续表

地区	区域品牌建设
德化县	带动培育一批县级工业设计中心，加快陶瓷从单一功能形态向跨界陶瓷、玻璃和金属等材料融合设计。对获评德化县工业设计中心的企业在县级财政奖励的基础上，市级财政再给予叠加奖励。支持建设中国德化（陶瓷）知识产权快速维权中心和陶瓷类知识产权数据库，搭建陶瓷产业信息服务平台，构建快速授权通道、维权通道。 支持推动智改数转。支持窑炉智能化、节能化改造，对经认定属于首台或列入省级技改库的，按规定予以奖励。支持陶瓷企业加快新一代信息技术应用创新，发展网络化协同、智能化制造、服务化延伸、数字化管理、平台化设计等新模式新业态，按项目与信息化相关软硬件投资额适当给予补助。对行业协会或陶瓷企业举办数字化转型的论坛等活动，按成效分档奖补。 三、挖掘"大师IP"资源，做精大师瓷品牌 打造"中国白·德化瓷"文化IP。支持建设德化大师园，充分挖掘"大师IP"资源，促进陶瓷产业加强IP开发和转化，做精大师瓷品牌。加快筹建价格认定中心和艺术品交易中心，做强大师瓷经济。 支持拓展新的销售渠道和模式。对在重点目标市场国家（地区）设立跨境电子商务海外仓，仓储面积达到500平方米以上，或租赁仓储面积达到1000平方米以上，且当年度海外实际投资额达到70万美元以上的企业，给予不超过当年度投资总额一定比例的补助。 对完成市下达任务的跨境电商、市场采购贸易出口给予奖励；对落地德化的外贸企业孵化中心，年度新孵化外贸实绩企业20家以上的，按增加出口额给予分档奖励。鼓励组织企业对外抢订单，到境外举办陶瓷展会，骨干企业举办品牌产品订货会，以及产销对接活动，每场给予一定金额补助。 在要素保障上，市工信局在原有政策扶持的基础上，从2023年到2025年，每年再从市级工业和信息化发展专项资金中给予德化县200万元单列支持；市商务、市场监管、教育等单位，对照部门职责和扶持措施，从专项资金上给予倾斜支持。德化县要进一步制定出台奖补实施细则，明确具体的奖补办法及标准。
萍乡市	培育行业龙头企业，打造"陶瓷之都"区域品牌。由政府牵头、行业协会协助，加快编制萍乡陶瓷产业基地产业集群发展规划，要打破行政区划，以主导产品辐射面为基础，提高产业集中度，形成较为合理的产业布局；大力支持企业争创中国驰名商标和省著名商标，力争在"十二五"期间争创中国驰名商标2~3件，培育上市公司2~3家，并引导社会资源向龙头企业集聚，提高龙头企业的核心竞争力；实施商标品牌战略，对获得中国驰名商标的企业，加大奖励力度，鼓励名牌产品企业迅速扩大品牌经营规模，促进名牌产品企业多层次、全方位的联合协作，推动建立联合企业或企业联盟，实行抱团发展，提升市场占有率，行业话语权，推动萍乡陶瓷产业快速发展。

续表

地区	区域品牌建设
萍乡市	发挥商标聚合效应，助推品牌建设。强化陶瓷企业商标品牌意识，鼓励和支持陶瓷企业发展自主品牌，走"品牌立企、品牌兴企、品牌强企"之路，打造强势品牌、区域品牌，增强核心竞争力；充分发挥现有龙发实业"中国驰名商标"聚合效应，加强其广告宣传力度，相关部门应联系、协调宣传部门、新闻媒体加强对萍乡陶瓷产业发展的宣传，组织陶瓷龙头企业在国家级电视台、报刊上宣传，提升萍乡陶瓷形象，扩大萍乡陶瓷在全国乃至世界的影响；通过政府扶持、保护，搞好陶瓷产业基地企业品牌、区域品牌及城市品牌的培育、保护、提升工作，充分调动基地企业创品牌工作的积极性，形成创品牌的合力，建立一个由市委、市政府高位推进的快捷、顺畅、高效的创牌绿色通道。
醴陵市	从展销展会、特色小镇、文化发掘、产业集聚、品牌宣传等多维度打响醴陵陶瓷区域品牌。成功打造了湖南（醴陵）国际陶瓷产业博览会省AAA级品牌展会，形成陶瓷博物馆、国际会展中心、釉下五彩城、1915街区等中国陶瓷谷新地标，"醴陵窑LOGO""中国醴陵·瓷彩天下"等品牌享誉海内外。

中篇

后疫情时代潮州陶瓷产业高质量发展研究报告[①]

摘　要：陶瓷产业是潮州市第一支柱产业，受新冠疫情冲击后逐步恢复。后疫情时代，潮州陶瓷产业仍面临市场需求波动、科技创新能力弱、产业现代化水平低、营销手段传统、技术人才短缺及行业自身存在局限性等发展瓶颈。应从市场结构培育、营销渠道拓展、融资渠道疏通、发展战略谋划、发展模式创新及综合竞争力提升等方面采取恰当举措，构建陶瓷产业多元化发展格局和长效发展机制，推动陶瓷产业高质量持续发展。

关键词：后疫情时代；陶瓷产业；高质量发展；路径

引　言

陶瓷产业是我国国民经济重要产业之一，中国的陶瓷总产量位居世界第一，是世界上最大的陶瓷生产国和出口国。当前，我国陶瓷产业面临重大调整机遇，处在"调结构、转方式、换动能"向高质量发展的关键时期。

近年来，我国陶瓷产业规模持续扩大，产业地位不断强化，产业组织形式、管理结构和技术水平等发生巨大改变，陶瓷产品的数量和质量也得到极大提高。2019年中国陶瓷产品出口稳健增长，出口金额达到25120百万美元；2020年受新冠疫情影响，出口金额25116.6百万美元，同比几乎无变化，出口量为1768万吨，同比下降16.7%。

2020年9月，工业和信息化部办公厅关于印发《建材工业智能制造数字

[①] 潮州市哲学社会科学"十三五"规划2020年度应用型项目"后疫情时代潮州市陶瓷产业高质量发展研究"（立项编号：2020-Y-04）。课题负责人：李迎旭。

转型行动计划（2021—2023年）》，提出到2023年，建材工业信息化基础支撑能力显著增强，智能制造关键共性技术取得明显突破，重点领域示范引领和推广应用取得较好成效，全行业数字化、网络化、智能化水平大幅提升，经营成本、生产效率、服务水平持续改进，推动建材工业全产业链高级化、现代化、安全化，加快迈入先进制造业。从全国情况来看，着力改善陶瓷产业供给结构，提高供给质量，促进转型升级，强化创新驱动，加强科技成果转化，统筹国内国外两个市场，延伸和完善产业链条，推进原料供应、技术研发、生产制造和流通领域等环节的融合发展是疫情后我国陶瓷产业高质量发展的必然要求。

广东是中国的陶瓷主产区，其中潮州是广东日用陶瓷、艺术陶瓷、卫生陶瓷的最大产区，拥有陶瓷制品制造、卫生陶瓷、日用陶瓷和特种陶瓷企业5000余家，年产值超500亿元。陶瓷产业是潮州市第一支柱产业，产业当前面临转型升级和高质量发展难题。2018年，潮州政府出台《潮州市推动陶瓷产业高质量发展实施方案》，探索陶瓷产业的高质量发展路径。2019年末新冠疫情暴发后，潮州陶瓷产业发展受到冲击，众多企业出现经营艰难的局面。尽管陶瓷是低频率消费品，其消费需求可以储存和延时，需求在疫情控制后出现了回暖，但企业经营成本高、产品低端锁定、利润空间不足等问题还依然存在，加上疫情暴发后一段时间推迟营业产生的其他经济损失，疫情对潮州陶瓷产业发展影响重大。

2020年10月，习近平总书记在视察潮州三环集团时强调："企业要发展，产业要升级，经济要高质量发展，都要靠自主创新，现在我们正经历百年未有之大变局，要走更高水平的自力更生之路。"因此，探索潮州市如何以深化供给侧结构性改革为主线，如何从自主创新、智能制造、原料供给、品牌建设等为切入点，加快产业转型升级，进一步擦亮"中国瓷都"品牌，有利于潮州市构建地方产业协调发展机制，更好发挥主导产业的经济带动优势，在新一轮产业竞争中增强地方特色产业的竞争力，对潮州实现经济内生性增长和高质量发展具有重要意义。

中国40多年的经济腾飞始于传统制造业的崛起是国内学界的基本共识。在现阶段制造业仍然是我国经济发展的引擎，是国民经济的主体，是国家竞争力的核心。大力发展制造业，推动制造业高质量发展，对我国经济持续稳定高质量发展至关重要。我国制造业高质量发展面临着传统制造业受内外部环境约束明显、传统发展模式难以为继、供给侧结构性矛盾突出、企业对人力资源重视不够等问题。新时代背景下，推动实体经济高质量发展需要通过创新驱动提升各行业竞争力，进而深化供给侧结构性改革，加大对传统制造业的改造和升级力度。我国经济进入新常态后，特别是国际经济形势复杂变幻，潮州陶瓷产业以出口为主的外向型发展模式下，陶瓷产业这一传统制造业必须走高质量发展道路。

第1章　潮州陶瓷产业总体情况

潮州陶瓷畅销全球，生产的日用陶瓷、陈设艺术陶瓷和建筑卫生陶瓷年产销量分别占全国的25%、25%和40%，出口量分别占全球的30%、40%和55%，是我国陶瓷最大的生产和出口基地。早在2011年，潮州陶瓷基地即被确立为首批国家外贸转型升级示范基地。潮州陶瓷行业企业规模小，以中小企业居多；行业分散，年产值5亿元的龙头企业松发陶瓷占全市产值的比重仅为1%。2020年受新冠疫情影响，产业发展出现较大波动，增加值为83.34亿元，同比下降6.0%，降幅高于食品、塑料等行业，位列第三。目前，在潮州八大主要产业中，陶瓷产业仍是第一大支柱产业，增加值是位列第二的食品工业的2.3倍（见表1-1）。

表1-1　2022年潮州规模以上八大工业增加值情况

行业名称	增加值（亿元）	同比增长（%）
八大行业合计	163.59	-8.1
陶瓷工业	66.93	-18.2
食品工业	29.19	8.1
服装工业	3.81	8.8
塑料工业	14.01	-5.2
印刷和记录媒介复制业	8.58	-2.8
电子工业	25.39	5.9
不锈钢制品业	9.84	-9.3
水族机电业	5.29	-11.0

资料来源：潮州市统计局《2022年潮州市国民经济和社会发展统计公报》。

目前，潮州陶瓷产业企业数近6000家；截至2019年初，潮州高新技术企业有 102 家。2020 年 5 月，潮州市政府印发《潮州市高新技术企业高质量发展三年行动计划（2020—2022 年）》，计划到 2022 年底，全市高新技术企业数量实现三年翻番，达到 220 家，突破一批产业核心关键技术，研发一批具有较强竞争力、经济效益显著的战略产品和核心装备。2020 年 8 月，潮州市政府《潮州市打造千亿陶瓷产业集群行动方案》公布，潮州通过 3~5 年的努力，全市陶瓷产业规模进一步壮大，形成一批具有国际国内影响力的龙头骨干企业，力争到 2025 年底工业总产值达到千亿元级，规模以上陶瓷企业达到 1000 家以上，亿元企业达到 300 家以上，国家级高新技术企业达到 100 家以上。

第 2 章　疫情对潮州陶瓷产业整体的冲击及恢复

2.1　陶瓷产值降低后逐渐恢复

"十三五"期间，规模以上陶瓷行业占潮州市八大行业的比重为47.6%，比2015年提高2.3个百分点。其中，规模以上陶瓷制品制造占陶瓷行业的比重为的93.3%，比2015年提高0.3个百分点。2020年，全市工业经济在不断受到疫情和国际国内市场大环境的影响下，陶瓷行业受重创后恢复相对较慢，规模以上陶瓷工业增加值同比下降6.0%，拉低全市规模以上工业增速1.9个百分点。2021年一季度，潮州市陶瓷行业增加值增长12.2%，在水族机电、电子、食品等八大支柱行业中同比增长率位列第五，实现稳步提高。

2.2　陶瓷出口下降后出现回暖

2020年前，潮州陶瓷以出口为主，外销比重占70%以上。2014—2019年，有价值超过100亿元的陶瓷出口沙特阿拉伯、土耳其、泰国、印度尼西亚等54个共建"一带一路"国家。2020年，受新冠疫情影响，潮州陶瓷产品出口规模出现萎缩，陶瓷产品出口61.79亿元，全年出口量同比降低8.1%，美元值出口额同比降低14.2%。汕头海关统计数据显示，在粤东四市中，潮州市陶瓷产品出口的数量和出口额的降低幅度均低于梅州市和揭阳市。2020年3月17日，财政部、国家税务总局联合发布了《关于提高部分产品出口退税率的公告》，自2020年3月20日起，瓷制卫生器具等1084项产品出口退税率提高至13%。潮州海关迅速落实政策后,有效降低了疫情对潮州陶瓷企业出口的影响。

2022年,潮州统计局最新数据显示,陶瓷产品出口额比上年增长12.6%(见表2-1)。

表2-1　2022年潮州市主要商品出口金额及增长速度

商品名称	出口额（亿元）	同比增长（%）
陶瓷产品	92.39	12.6
机电产品	21.97	-5.0
农产品	42.22	-0.8
鞋靴	11.25	12.4
服装及衣着附件	13.08	35.1
塑料制品	9.71	28.8
钨品	2.91	36.4
高新技术产品	3.47	74.9
玩具	1.67	-27.1

资料来源:潮州市统计局《2022年潮州市国民经济和社会发展统计公报》。

2.3　市场结构稳定但规模缩减

近年来,潮州陶瓷企业在技术创新、产品档次提升等方面不断突破,在市场上的竞争力和知名度逐步提高。新冠疫情暴发后,在传统欧美市场不景气的情况下,潮州企业快速调整方向,积极开拓新兴国际市场,目前中东、大洋洲、东南亚均为潮州陶瓷主要出口市场。潮州陶瓷对以上市场的出口量尽管增幅很大,但规模有限,仍存在较大的空间和潜力。对潮州53家陶瓷企业调研的数据显示,疫情前后,欧洲、美洲、中东、东南亚和中国香港、中国澳门为目前位列主要销售区域前五。其中,有34家企业出口欧洲市场,23家出口美洲市场,16家出口中东市场,12家出口东南亚市场,7家出口中国香港和中国澳门。疫情前后对比看,受新冠疫情影响,部分企业市场有所萎缩,5家企业不再出口欧洲市场,6家企业不再出口美洲市场,6家企业不再出口中东市场。

第3章 调研分析

调研目的：系统了解潮州市陶瓷产业的基本经营状况，从企业对原材料、辅助材料的采购、研发投入、品牌及专利、仓储物流、销售渠道、上下游合作方式和企业诉求等基于产业链融合和高质量方面进行深入调研，并通过数据分析，为课题政策建议提供依据。

本次数据来源：

1. 实地访谈潮州市企业 5 家。
2. 线上调研潮州市企业 50 家、外省市企业 3 家。

3.1 企业基本情况

1. 企业类型

调研企业划分依据为《统计上大中小微型企业划分办法（2017）》（国统字〔2017〕213 号），具体如表 3-1 所示。

表 3-1 调研企业规模一览表

企业类型	微型企业	小型企业	中型企业	大型企业
企业数量（家）	8	23	17	5
占比（%）	15.09	43.4	32.08	9.43

2. 企业所在城市分布

本次调研本地企业 50 家，佛山、湛江、景德镇陶瓷企业各一家。

表 3-2 调研企业区位一览表

所在城市	潮州	佛山	湛江	景德镇
企业数量（家）	50	1	1	1
占比（%）	94.33	1.89	1.89	1.89

3.2 企业资源分析

1. 企业资产总额及员工规模

按照国家规模企业划分标准，调研企业中有23家是规模以上企业，30家为规模以下企业，其中有5家企业资产总额超过1亿元。在被调研潮州企业中，企业员工数在少于30人的企业占比13.2%，30~100人的企业占比43.4%，100~300人的企业占比22.6%，高于300人的企业占比21%。总体来看，企业规模偏小，产业分散程度较高。

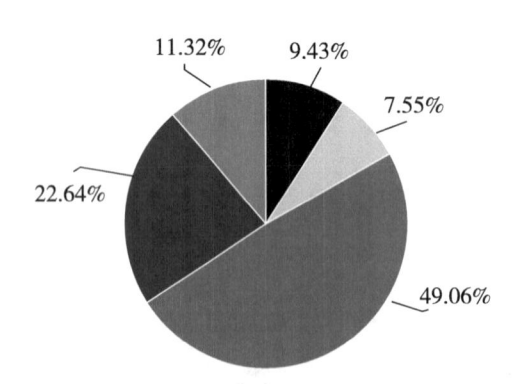

图 3-1 调研企业资产总额占比

2. 企业大专以上学历人数占职工总数比例

调研企业中，近一半的企业大专以上学历人数占职工人数的比重低于10%，仅有15%的企业大专以上学历人数占职工人数的比重高于30%。这意

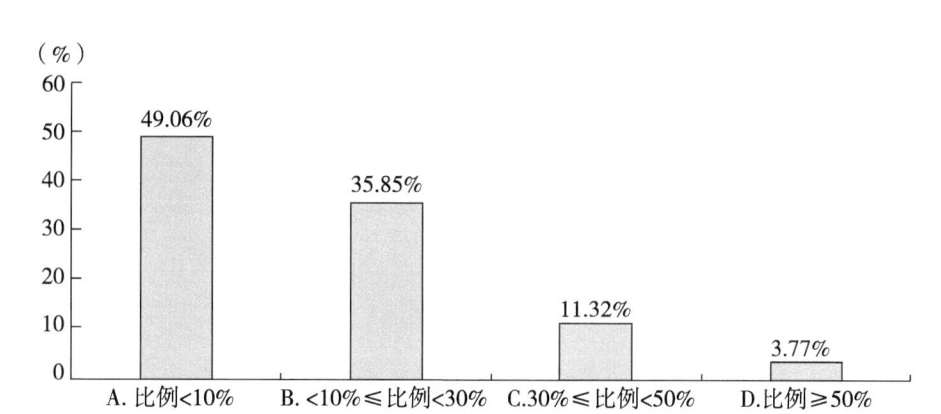

味着潮州陶瓷企业职工学历层次不高,人力资本积累较为薄弱。

图 3-2 调研企业大专以上学历职工比例

3.3 生产能力分析

1. 企业每月全部生产线开工产能

数据显示,月产能在 1 万~10 万套的企业占比最高,为 37.74%,其次是 10 万~30 万套的企业占比 33.96%,超过百万套的仅占 13.21%。

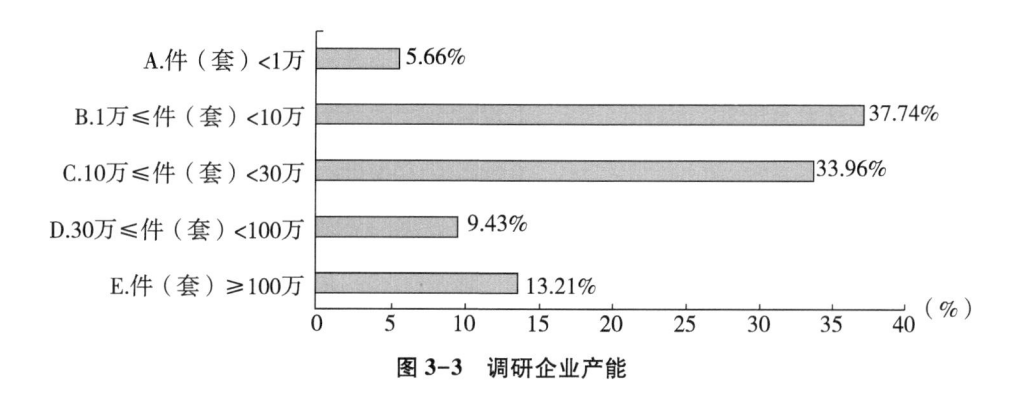

图 3-3 调研企业产能

2. 企业设备更新率

数据显示，调研企业设备更新率不高，超过一半以上的企业3年以上才更换一次设备。

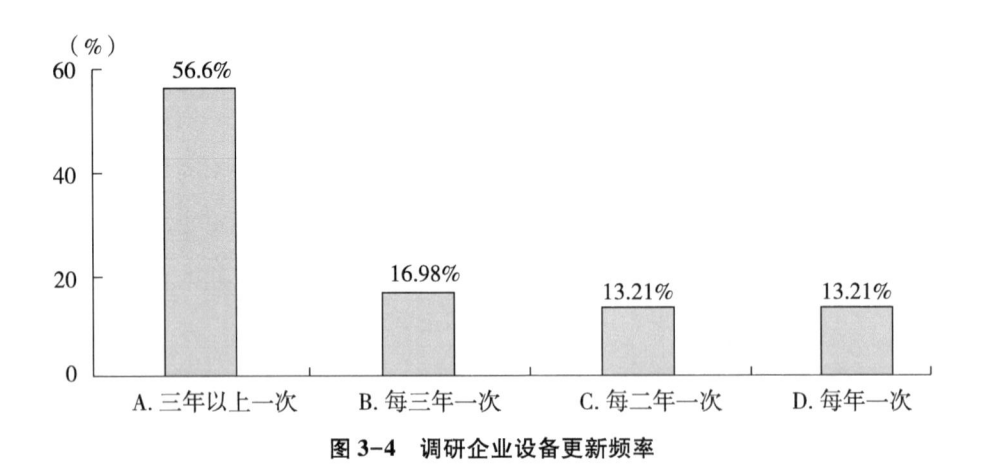

图 3-4　调研企业设备更新频率

3. 企业窑炉技术与国内其他陶瓷产区相比的先进程度

从整体来看，潮州陶瓷企业设备先进性处于中等水平，调研企业中45.28%的企业认为窑炉技术先进程度一般，先进企业占比仅为9.43%。

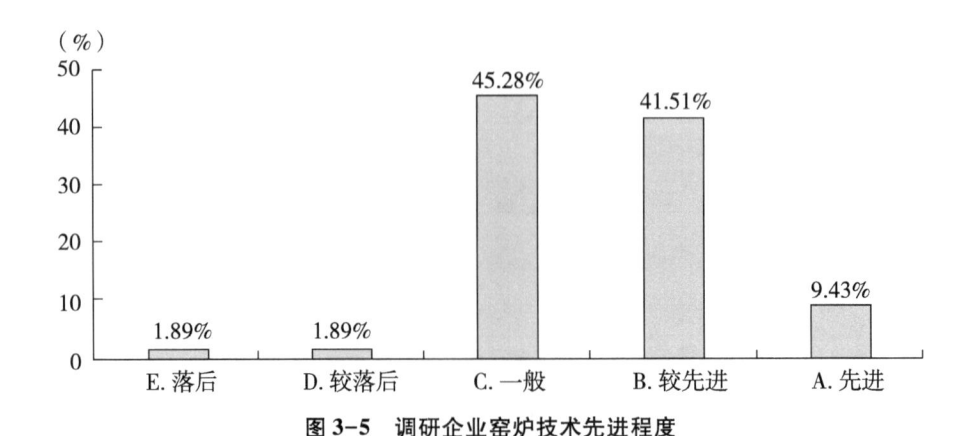

图 3-5　调研企业窑炉技术先进程度

4. 企业生产线融入自动化与智能化技术情况

从数据来看，有近40%的调研企业生产线尚未融入自动化与智能化技术，与产业现代化和高质量发展要求存在差距。

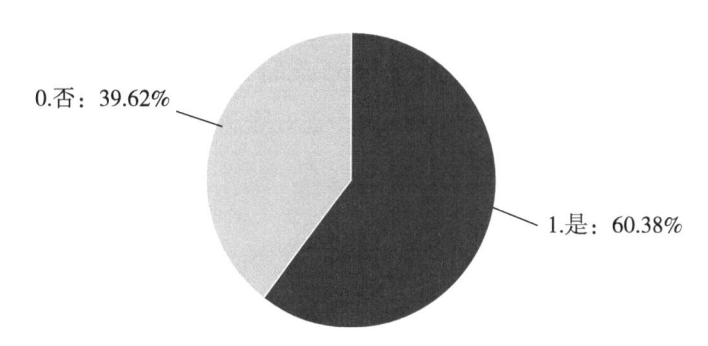

图 3-6　企业生产线融入自动化与智能化技术情况

5. 企业产品是否获得质量和环境管理体系认证

数据显示，有 81.13% 的企业获得 ISO 9000/9001 国际质量体系认证，68% 的企业获得 ISO 14000 国际环境管理体系认证。获得其他认证包括 ISO 28001/2011 职业健康安全体系认证 2 家、SEDEX CODE：1087397、CCIB、BSCI 及 SEDEX-2P、环境认证、OHSAS 18000，BSCI 和节水认证各一家。

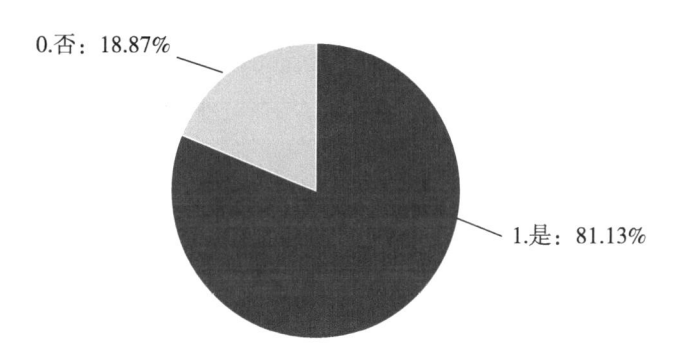

图 3-7　企业产品是否获得质量和环境管理体系认证

3.4 市场地位分析

1. 企业从接单到出货平均所需时长

企业从接单到出货平均时长在 30~60 天的企业占比最多，近 40%；其次是 60~90 天的企业占比 35.85%，也有少部分企业交货时间在 30 天以内，占比 16.98%。

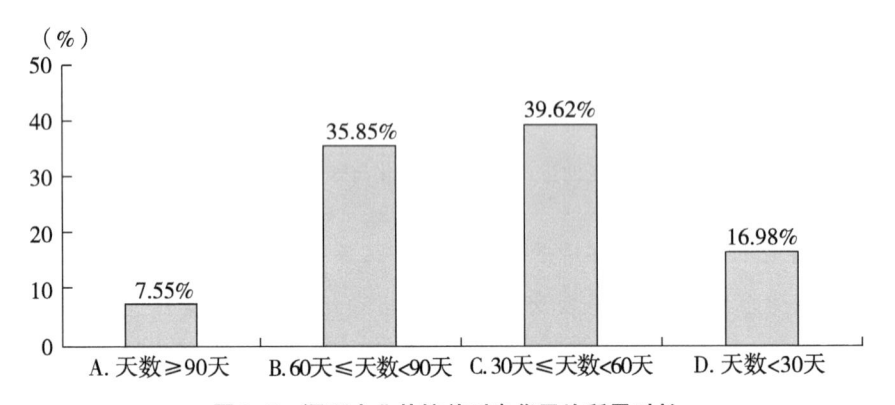

图 3-8 调研企业从接单到出货平均所需时长

2. 准时交货率

调研企业准时交货率超过 90% 的企业占比最高，近 60%；有 11.32% 的企业能实现 100% 的准时交货率，但也有近 4% 的企业准时交货率低于 80%。

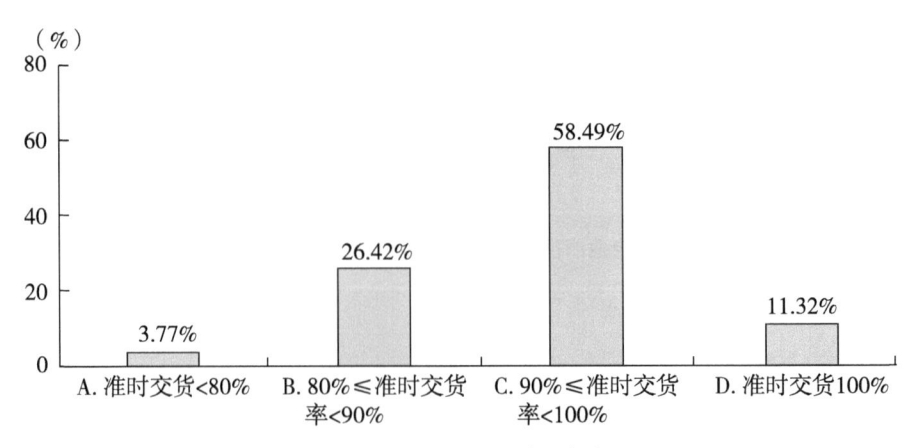

图 3-9 调研企业准确交货率

3. 企业的原料采购价格与"同期市场均价"相比情况

该指标体现企业生产成本情况，有约 17% 的企业价格高于市场售价，71.7% 的企业与市场价格一样，总体来看，产品价格竞争力不高，特别是体现在出口市场上，汇率上升也成为削弱价格竞争力的因素。

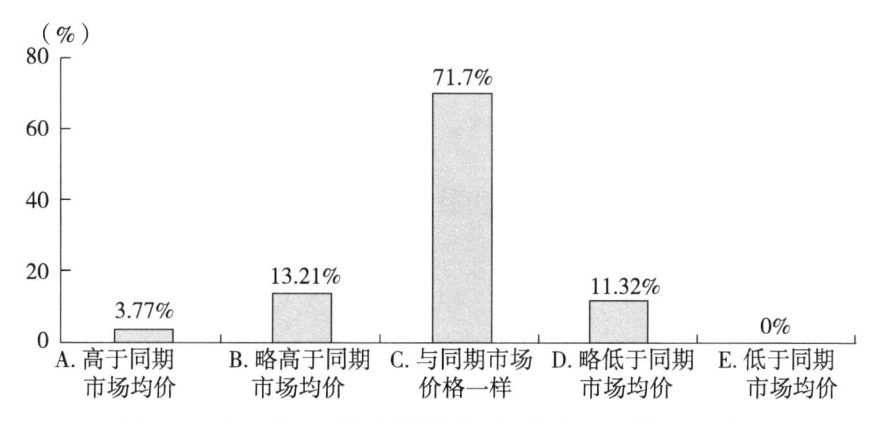

图 3-10 调研企业原料采购价格与"同期市场均价"相比情况

4. 企业出口总额占销售总额的比例

数据显示，调研企业中有近 74% 的企业一半以上产品是面向国际市场，仅 5.66% 的企业是内销不出口。总体显示，疫情后，潮州陶瓷企业仍然以出口为主的格局没有发生太大变化。

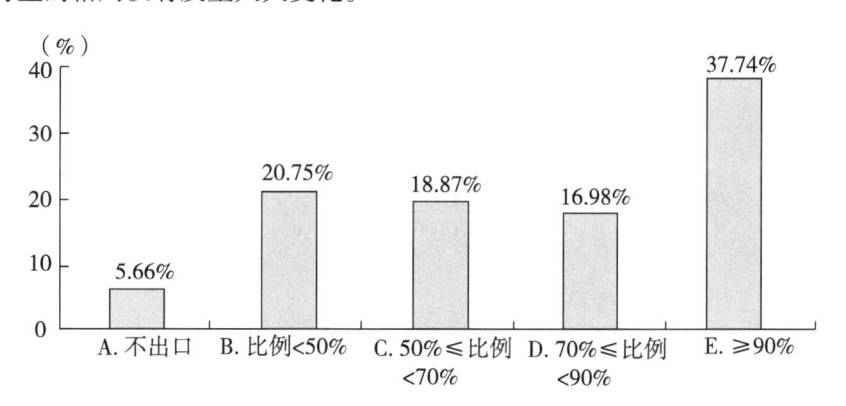

图 3-11 调研企业出口总额占销售总额的比例

5. 2020 年以前企业的国际销售市场覆盖率

调研企业在 2020 年以前出口主要市场前五位顺次为：欧洲市场，73.58%；美洲市场，54.72%；中东市场，41.51%；东南亚市场，39.62%；东亚市场，26.42%。总体来看，以经济发达国家和地理邻近的发展中国家为主。

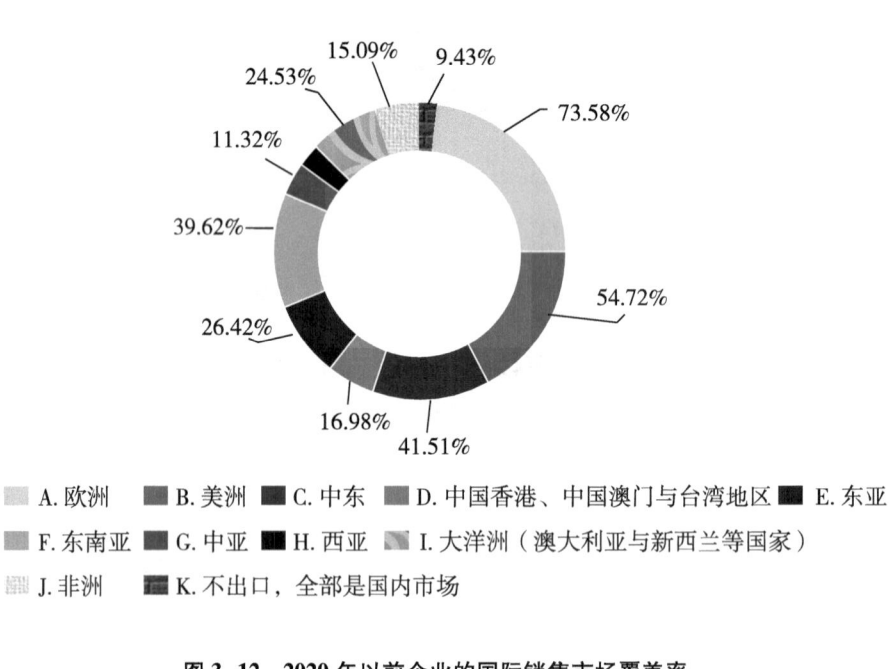

图 3-12　2020 年以前企业的国际销售市场覆盖率

3.5　运营能力分析

1. 企业的资产负债率

总体来看，调研企业资产负债率总体水平不高，有超过 90% 的企业资产负债率在 60% 以下，仅有 9.43% 的企业高于 60%。资产负债率是评价企业负债水平的综合指标，同时也是一项衡量公司利用债权人资金进行经营活动能力的指标。调研结果同时说明企业筹资水平不高，或是调研企业的经营保守

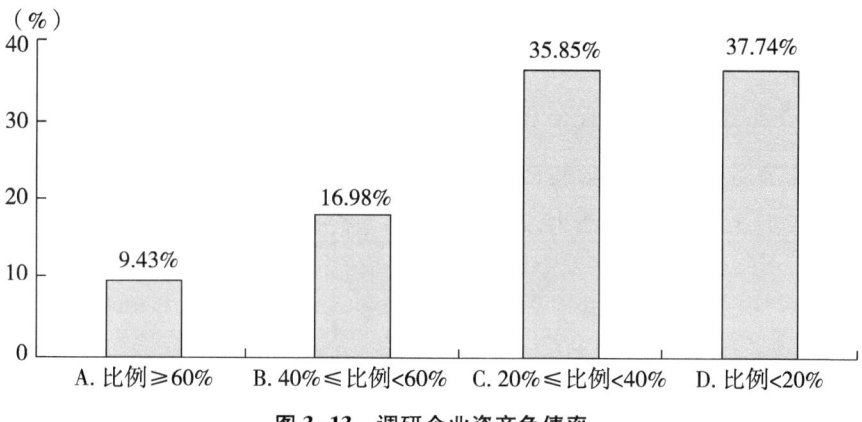

或信心不足,利用债权人的资本进行经营活动的能力不是很强。

图 3-13　调研企业资产负债率

2. 疫情前三年企业平均销售增长率

疫情暴发前,企业销售增长率情况相对较好,有约 65% 的企业可以实现销售额 10% 以上的年增长速度,约 10% 的企业可以实现超过 30% 的高速增长。

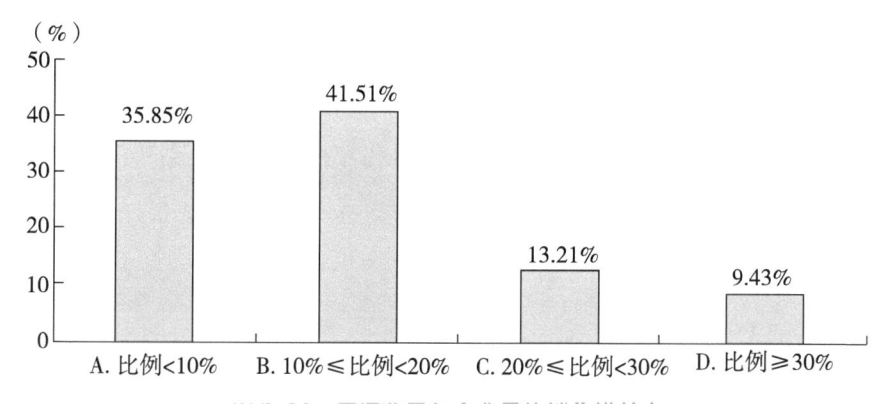

图 3-14　疫情前三年企业平均销售增长率

3.6 企业管理分析

1. 企业组织结构是否合理

数据显示，有 62.26% 的企业组织内部能达到职能完备、协作良好与运作高效，仅近 3.8% 的企业认为该组织结构不是很合理，运作情况不良。

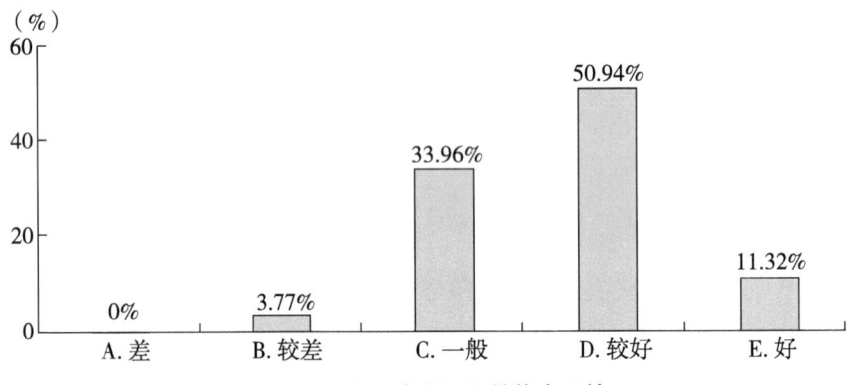

图 3-15 调研企业组织结构合理性

2. 企业在管理信息化方面的年投入总额

从该项指标看，有近一半的企业在信息化年投入金额不足 20 万，企业现代化管理水平不够高，仍然以传统企业管理模式为主。

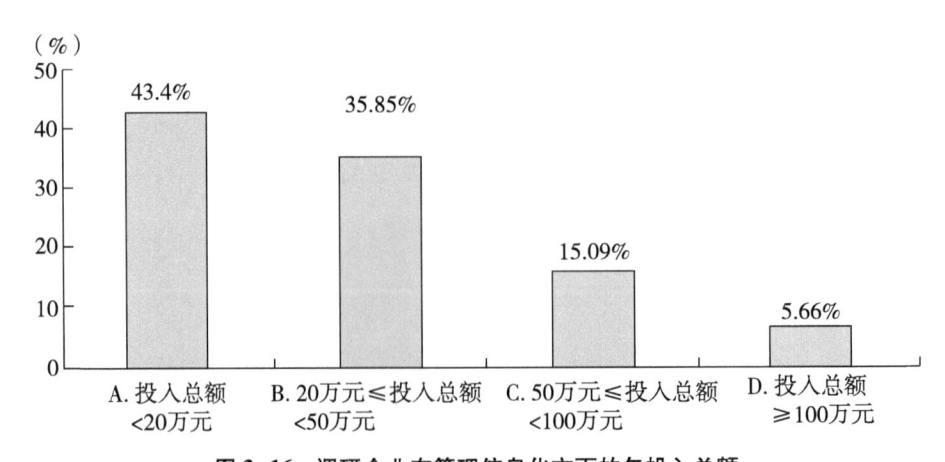

图 3-16 调研企业在管理信息化方面的年投入总额

3. 企业信息化管理系统的先进程度

从企业信息化管理系统先进程度来看，有近70%的企业认为信息化管理先进程度不高，进行现代化企业管理的提升空间还较大。

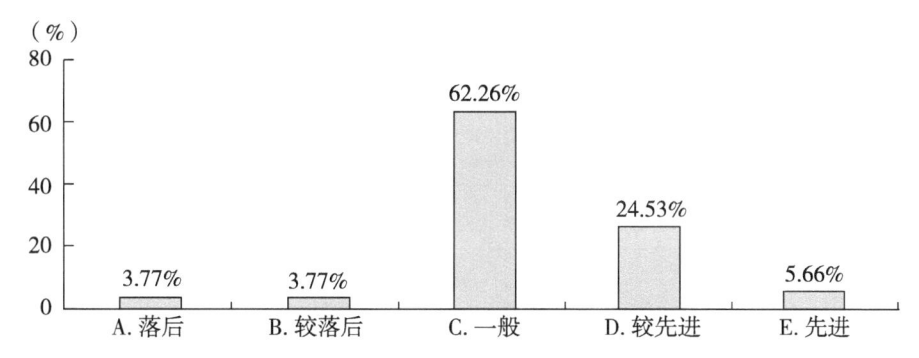

图3-17 调研企业信息化管理系统的先进程度

3.7 创新创意分析

1. 企业年研发经费投入占销售收入总额比例

从数据来看，仅9.43%的企业年研发经费投入占销售收入总额比例能超过10%，有超过73%的企业该项指标值低于6%。这一定程度意味着潮州陶瓷企业研发能力不高和研发投入不足。

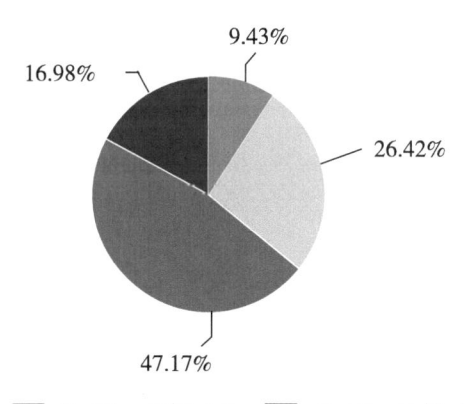

图3-18 调研企业年研发经费投入占销售收入总额比例

2. 企业研发人员数量

从企业研发人员数量来看，有超过一半企业的研发人员少于6人，总体来看，研发力量较为薄弱。

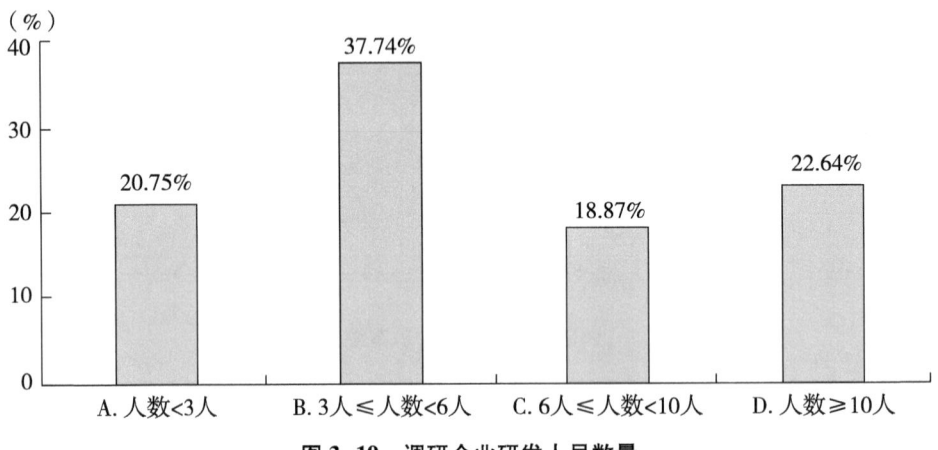

图 3-19 调研企业研发人员数量

3. 企业拥有专利数

有超过一半的企业拥有专利数少于3个，超过1/3的企业拥有超过10个以上的专利，总体看出现了大企业与小企业该指标分化的局面。同时发现，调研企业中仅7家企业拥有省级以上工程技术研究中心，占比13.21%，绝大多数企业没有类似研究中心。

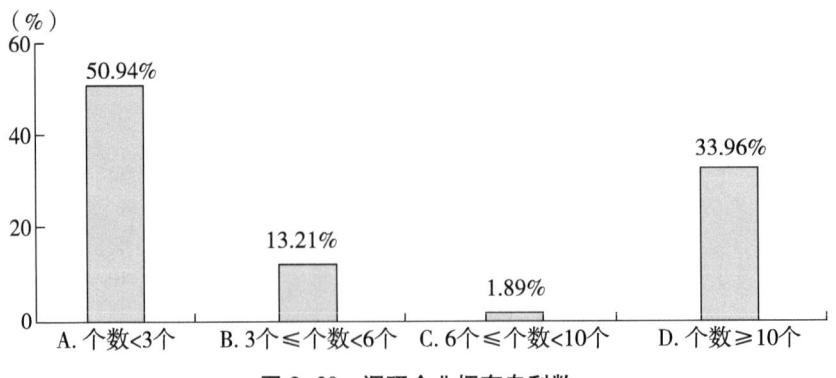

图 3-20 调研企业拥有专利数

4. 对企业文化与品牌推广的年投入总额

50.94%的调研企业在企业文化与品牌推广的年投入总额低于20万元，仅2家在品牌推广的费用超过100万元，占比仅为3.77%。

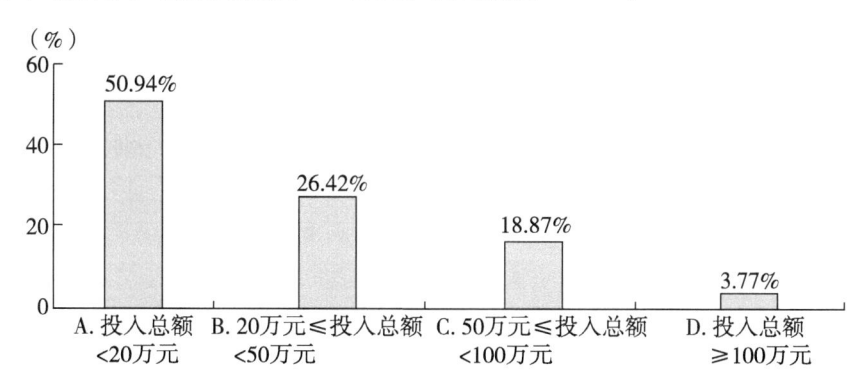

图3-21 调研企业在企业文化与品牌推广的年投入总额

5. 企业注册商标数

有超过六成的企业注册商标数低于3个，11.32%的企业注册商标数超过10个。总体来看，潮州陶瓷企业的品牌意识及品牌发展程度不高。而驰名商标是指在市场上享有较高声誉的商标，拥有驰名商标的企业知名度、品牌影响力与品牌价值较好。驰名商标在进行用于质押、融资、投资、信贷、招投标等商业行为时得到支持的力度和达成度较高，驰名商标对于企业发展或转型升级来说具有重要的作用。数据显示，有超过87%的企业拥有的驰名商标数低于3个，这意味着调研企业在品牌建设和高质量发展方面还存在较大差距。

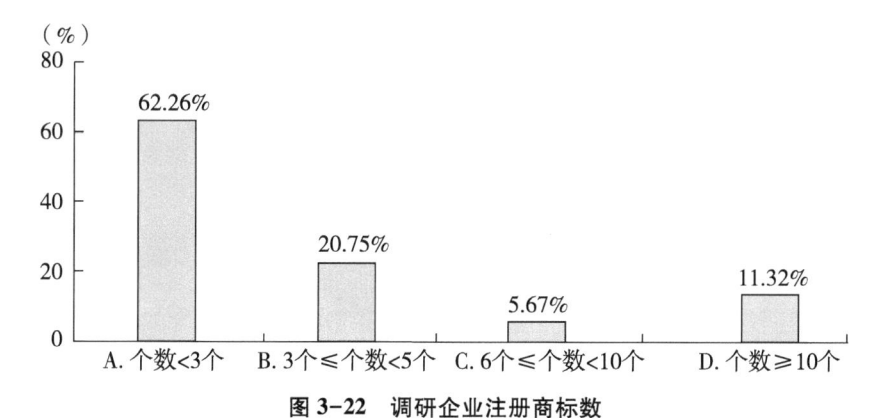

图3-22 调研企业注册商标数

3.8 企业环境分析

1. 企业所处地区基础设施完善程度

基础设施建设是营商环境的重要组成部分，涉及企业发展、招商引资、运营成本等诸多方面。调研显示，有56.6%的企业认为潮州基础设施基本完善，有近19%的企业认为不够完善或不完善。

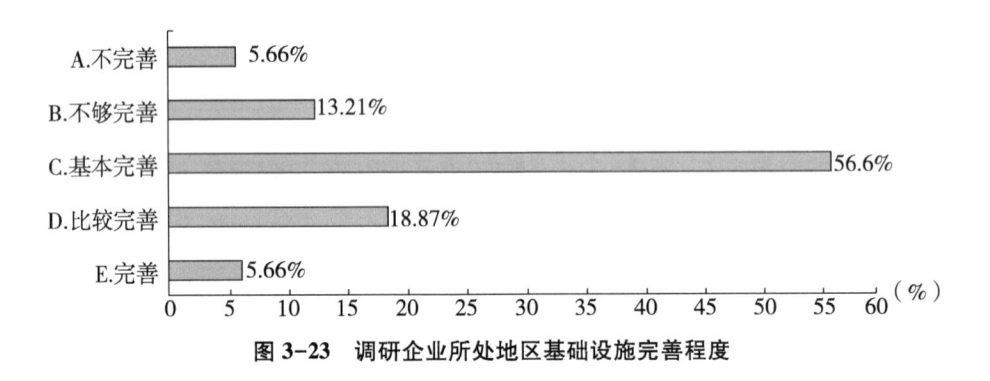

- A.不完善 5.66%
- B.不够完善 13.21%
- C.基本完善 56.6%
- D.比较完善 18.87%
- E.完善 5.66%

图 3-23 调研企业所处地区基础设施完善程度

2. 企业享受的行政与商务服务便利程度

数据显示，15.09%的企业认为在享受的行政与商务服务方面便利，近34%的企业认为比较便利，超过43%的企业认为一般，总体情况较好。

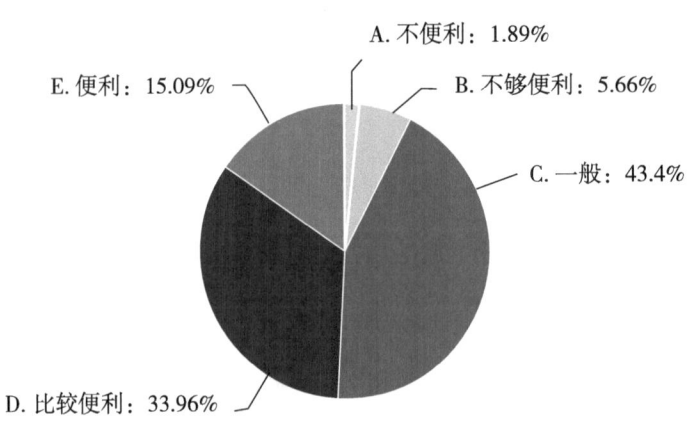

- A.不便利：1.89%
- B.不够便利：5.66%
- C.一般：43.4%
- D.比较便利：33.96%
- E.便利：15.09%

图 3-24 调研企业享受的行政与商务服务便利程度

3. 企业营运资金通过信贷获得的可获得性强度

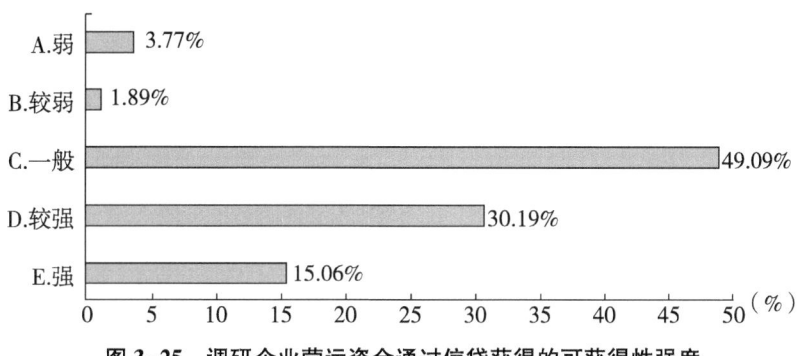

- A.弱 3.77%
- B.较弱 1.89%
- C.一般 49.09%
- D.较强 30.19%
- E.强 15.06%

图3-25 调研企业营运资金通过信贷获得的可获得性强度

4. 政府对本企业的关注强度

超过30%的企业认为政府可以适时给予本企业帮助与支持，或及时对企业提出规范与要求，认为上述公共服务一般的企业占比60.38%，认为较弱的占9.43%。

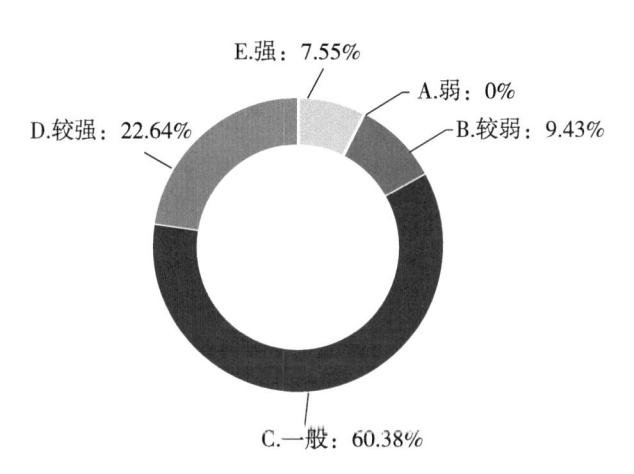

- A.弱：0%
- B.较弱：9.43%
- C.一般：60.38%
- D.较强：22.64%
- E.强：7.55%

图3-26 调研政府对本企业的关注强度

5. 行业协会对行业内各企业的协调力度

行业协会介于政府、企业之间，介于商品生产者与经营者之间，具有沟通、协调监督、统计、研究等功能，国际市场竞争中，行业组织在保护国内产业、支持国内企业增强国际竞争力方面，起着重要的协调作用。从企业对行业协调力度的数据来看，超过32%的企业认为较强或强，约2/3的企业认为一般或较弱，还有较大提升空间。

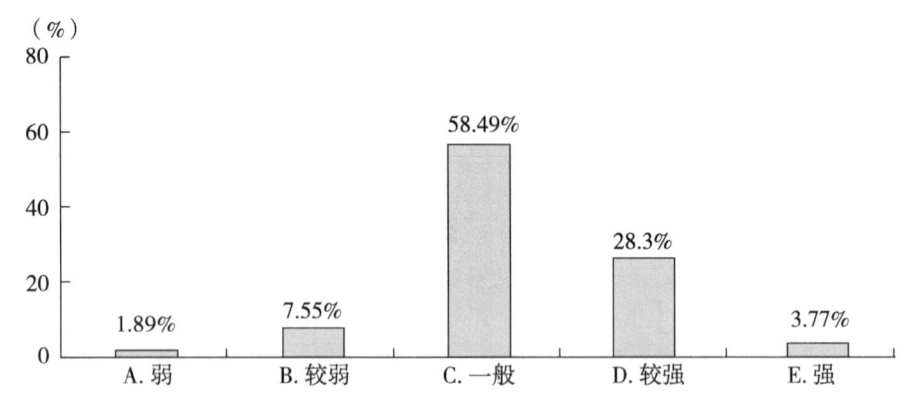

图3-27 行业协会对行业内各企业的协调力度

6. 企业与所处同一区域的集群企业的协作程度

产业集群是企业和产业在一定区域范围内分工协作不断深化的结果，在产业集聚区内，企业离配套供应商越近、专业化分工越细、产业链协同程度越高，产品就越有竞争力。从数据来看，产业集群协作程度总体还不高，约2/3的企业与所处同一区域的集群企业的协作程度一般或更弱。

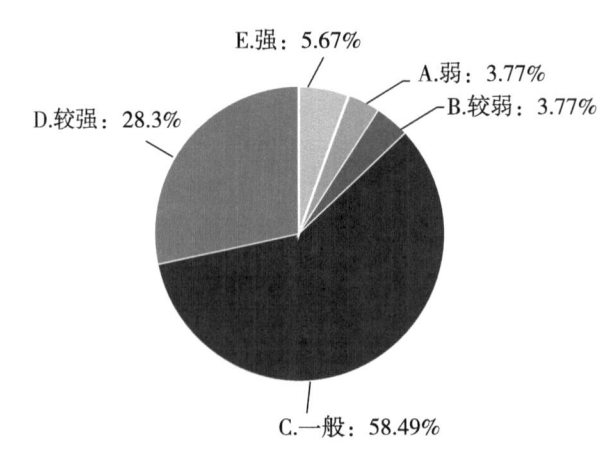

图3-28 调研企业与所处同一区域的集群企业的协作程度

7. 企业所处地的地方产业链的配套齐全程度

企业的分工协作不再局限于生产领域，已拓展至全产业链。通过专业化分工协作，中小企业为龙头企业服务，才可发挥产业集群的竞争力和规模优势。超过45%的企业认为潮州地方产业链的配套齐全或较齐全，总体水平一般。

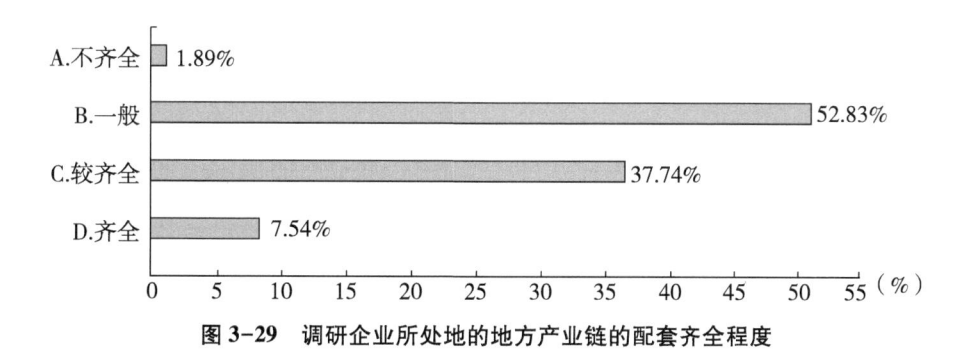

- A.不齐全 1.89%
- B.一般 52.83%
- C.较齐全 37.74%
- D.齐全 7.54%

图3-29 调研企业所处地的地方产业链的配套齐全程度

第4章　疫情后潮州陶瓷高质量发展面临的困境

4.1　行业本身特性和局限性依然存在

陶瓷产品特别是卫浴、艺术陶瓷等产品具有消费行为发生频次低、质量要求高的特性。疫情暴发后，陶瓷产业上下游产业链均受到疫情影响，如房地产销量下降、家庭装修和公共工程等计划大幅延迟，以及家居卖场的营业受阻使得市场对陶瓷产品的需求大幅下降，原有的订单推迟发货甚至取消，终端销售几乎进入停滞状态。从行业本身来看，疫情暴发之初，企业生产经营活动几乎停滞，但企业固定费用包括租金、工资、社保等各种费用支出并未减少，一面是营业收入资金流的锐减，另一面是长期融资存在一定的滞后和规模有限，导致绝大部分潮州陶瓷企业处于经营艰难的状态。疫情缓解后，企业出于急于"去库存"和"去产能"的终端销售消化存量局面，价格竞争激烈，利润不高。并且目前潮州陶瓷产品并未建立行业标准，标准化程度低，导致生产服务周期较长且成本较高，对企业产品出口质量和价格竞争力提升长期形成制约。

4.2　海外疫情连锁反应仍然严重波及企业出口

2021—2023年，较多行业的海外订单回流，出口恢复明显，但陶瓷行业受疫情影响，特别是建筑和卫浴陶瓷，受工程停滞、延缓工期等影响，需求仍然不足，订单增长缓慢。特别是疫情在海外反复，导致部分港口效率低下，造成严重拥堵，船期延迟，甚至出现货在途中尚未到达但港口关闭，货物到港无人提货情况，延长了陶瓷出口周期及资金回笼周期。与疫情在全球暴发前相比，欧洲、西非线等潮州主要出口市场的航运费，较2019年增长近10倍，加上人民币汇率升值的影响，潮州陶瓷企业仍面临着订单不稳、出货受阻、成本抬升、资金紧张的局面。

4.3 前端科技创新和研发水平普遍不足

长期以来，潮州陶瓷企业由于规模偏小，融资能力和抵御风险的能力有限，经营中更多注重产品销售数量，不注重质量，往往采取薄利多销的发展战略，甚至过度竞争不得不进行裸价销售。大部分企业对科技研发认知有限，特别是研发的前期投入大、周期长，潮州陶瓷企业研发投入普遍不足，在新型陶瓷材料、特种陶瓷、低品位原料配方体系等方面的研发及产业化程度较低。同时，因设计人才供需失衡，无法满足用户个性化需求，导致设计与市场需求的不符，交付给消费者的设计产品匹配性不高，产品新品种、新技术以及设计创新的研发设计能力仍需提升。

4.4 中间生产智能化和信息化水平整体偏低

潮州拥有陶瓷企业数千家，但95%以上都是中小型企业，甚至是微型企业。从历史上看，潮州陶瓷生产、销售、仓储、物流、采购等环节的智能化水平均较低。如部分陶瓷产品生产过程从泥条至烧成采用传统模式需要几天时间，周期较长，且质量不稳定；传统手工生产方式中间产品周转环节较多，损耗成本高，人力投入大；在流通销售领域，企业仍较多采用线下传统销售模式，在推动陶瓷物流智能化、销售智能化、业务受理无纸化等方面较为薄弱，难以支撑目前需要的数字流通销售体系。世界陶瓷的总产量高，总体看供远大于求，国际市场竞争不断加剧。如何改变传统生产、流通方式，强调各环节的智能化应用，提高效率和质量，在竞争中获取市场，提高获利水平，是潮州陶瓷企业要解决的当务之急。

4.5 后端市场营销和流通缺乏活力

疫情暴发后，潮州陶瓷海外市场一度萎缩难以恢复，如何优化产品规格，开拓陶瓷国内市场，实现潮州陶瓷产品的国际国内市场双循环和互动是众多企业需要探索的经营模式。然而，在国内市场，人们对潮州陶瓷的认知度仍然不高，企业要想在国内市场竞争力提升做好内销，一方面，需要加大打造品牌、宣传、营销、人员、质量提高等上的全面投入。对中小企业来说投入力度较大，加上疫情导致的资金短缺，企业进行国内市场拓展仍面临巨大资金压力。另一方面，潮州中小陶瓷企业一直以来加工贴牌居多，在营销上投入始终不足，经验匮乏，途径单一，仍以传统线下营销结合网站、电商平台等传统网络营销模式为主，在打通国内市场上营销经验和优势均不足。如何打造品牌和布局线上智能营销，确保疫情反复仍能正常经营是行业和企业亟须改善的问题。

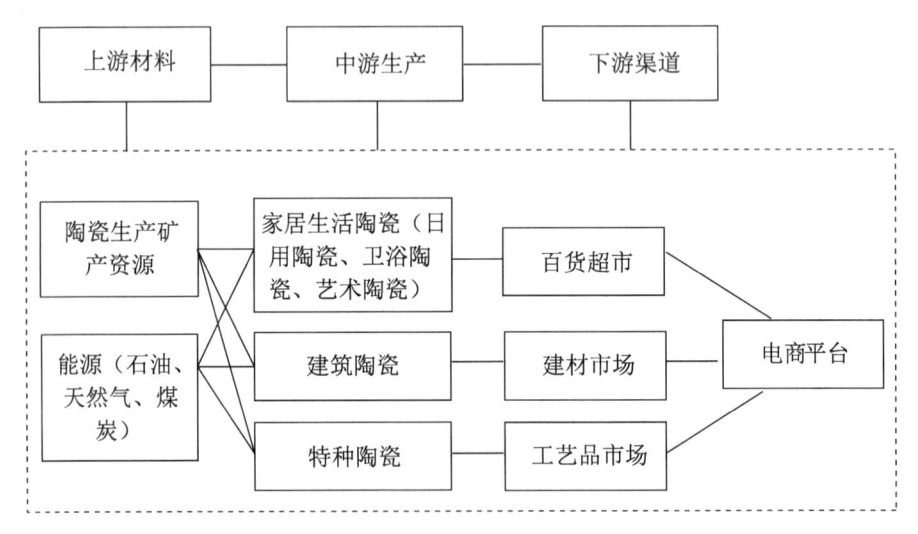

图 4-1 陶瓷产业链营销渠道

4.6 高低两端人才培养和引进存在困难

目前,潮州陶瓷产业发展面临高低两端人才断层和流失,供给不足的局面。首先是懂研发、懂技术和懂设计、懂材料的高端人才严重不足,与本省佛山市、邻省景德镇市、晋江市等省内、国内陶瓷主产区形成人才争夺的趋势,由于目前潮州引入陶瓷人才的配套及条件不甚充分,导致人才引进较为困难,人才引进成本极高。人才匮乏导致潮州陶瓷产业研发能力不强,产品质量提升、智能陶瓷、功能陶瓷等方面的创新水平不高,产品的同质化和低端产品竞争激烈仍是主流。其次,由于劳动力向内地回流,以及本土人工向旅游、电商等第三产业的转移,导致陶瓷企业生产线招工难,产业的技术工人及普通劳动力不足导致企业为吸引工作人员不断提高工资,造成了人力资源成本高居不下,产业传统优势难以为继的局面。

第 5 章 潮州陶瓷产业高质量发展指标评价体系

课题组研究了《中国企业转型升级战略评价指标体系》，结合潮州陶瓷产业现状及其作为支柱产业的战略发展目标，为潮州陶瓷产业建立指标评价体系，以为潮州市政府对潮州陶瓷高质量发展的量化评价及制定产业政策提供参考。

5.1 指标评价体系的确定

课题组邀请了政府工作人员、高校经济管理专家、高校陶瓷专业专家、本市陶瓷企业代表讨论陶瓷产业的高质量发展指标评价体系，最终确定从企业资源、生产能力、市场地位、营运盈利、企业管理、创新创意和企业环境七大方面细分为 20 个明细指标。具体指标说明如表 5-1 所示。

表 5-1 潮州市陶瓷产业高质量发展指标评价体系

目标层	一级指标	二级指标	指标及设置说明	指标单位
潮州陶瓷产业高质量发展水平指标评价体系	企业资源	企业总资产	定量指标，设定分段区间，并赋不同得分	万元
		企业大专及以上学历人数占职工总数比例	定量指标，设定分段区间，并赋不同得分	%
	生产能力	产线自动化、智能化	是 1，否 0	
		ISO 9000/9001 国际质量体系认证	是 1，否 0	
		准时交货率	定量指标，设定分段区间，并赋不同得分	%

续表

目标层	一级指标	二级指标	指标及设置说明	指标单位
潮州陶瓷产业高质量发展水平指标评价体系	市场地位	原材料采购价格与同期市场均价比较	定性（高于、略高于、一样、低于、略低于）	
		企业出口总额占销售总额的比例	定量指标，设定分段区间，并赋不同得分	%
		企业每年新开拓销售市场数量	定量指标，设定分段区间，并赋不同得分	个
	营运盈利	资产负债率	定量指标，设定分段区间，并赋不同得分	%
		销售增长率	定量指标，设定分段区间，并赋不同得分	%
	企业管理	组织结构合理性	定性（差、较差、一般、较好、好）	
		管理信息化年投入	定量指标，设定分段区间，并赋不同得分	万元
	创新创意	企业年研发经费投入占销售收入总额比例	定量指标，设定分段区间，并赋不同得分	%
		专利拥有数	定量指标，设定分段区间，并赋不同得分	个
		企业文化和品牌推广投入	定量指标，设定分段区间，并赋不同得分	万元
		驰名商标数量	定量指标，设定分段区间，并赋不同得分	个
	企业环境	地方基础设施完善	定性（不完善、不够完善、基本完善、比较完善和完善）	
		行政及商务服务便利	定性（不便利、不够便利、一般便利、比较便利和便利）	
		营运信贷资金可获得性	定性（弱、较弱、一般、较强、强）	
		行业协会协调力	定性（弱、较弱、一般、较强、强）	

5.2 指标权重的确定

对企业转型升级能力的评价在量上是难以精确衡量的,各评价因素在优劣之间是渐变的。因此,对于指标权重的确定采用层次分析法(AHP),它可以解决模糊性和参数权重主观性的问题。具体步骤如下。

1. 因素集的确定

确定研究目标的因素集是建立综合评价体系时首先要考虑的。在确定企业转型升级能力的因素集时,着重考虑影响企业转型升级的一些关键指标,尽量少地选取"主要"评价指标,记为 $U = \{U_1, U_2, \cdots, U_l\}$,再根据企业转型升级的特点,将关键指标 U 大致划分成若干个子集,如 $U_i = \{U_{i1}, U_{i2}, \cdots, U_{lk}\}$。

2. 指标权重的计算

在分析企业转型升级影响因素时,由于各因素重要程度不同,可运用层次分析法给各因素赋予不同的权重。

第一步:建立递阶层次结构。将决策的目标、决策准则和决策对象按它们之间的相互关系分为不同的层次,并绘制出层次结构图。

第二步:构造两两比较的判断矩阵。通过有关专家对同一层次影响因素按照相对重要性进行两两比较,采用1~9及其倒数的标度方法建立判断矩阵。两两成对比较的标度如表5-2所示。

表5-2 评价指标判断矩阵的比较标度

重要程度	定义	词语描述
1	同样重要	两个元素的作用同样重要
3	稍微重要	一个元素比另一个元素的作用稍微重要
5	明显重要	一个元素比另一个元素的作用明显重要
7	强烈重要	一个元素比另一个元素的作用强烈重要
9	极端重要	一个元素比另一个元素的作用极端重要

续表

重要程度	定义	词语描述
2、4、6、8		以上标度的中间值
倒数值		当 i 与 j 比较时，被赋予以上的某个标度值，则 j 与 i 比较时就是那个标度值的倒数

第三步：层次单排序，并进行一致性检验。采用归一化方法对第二步所形成的判断矩阵进行计算，得出某一层次指标相对于上一层次某相关指标的权重。一级指标权重记为 $A = \{a_1, a_2, \cdots, a_j\}$，二级指标权重记为 $A_i = \{a_{i1}, a_{i2}, \cdots, a_{lk}\}$，$k = \{1, 2, \cdots, n\}$，$n$ 为判断矩阵的阶数。并计算出该权重矩阵的最大特征值和对应特征向量，进行一致性检验。相应的检验公式为 $CR = \dfrac{CI}{RI}$，其中 $CI = \dfrac{\lambda_{\max} - n}{n-1}$，$\lambda_{\max}$ 为最大特征根，平均随机一致性指标 RI 的取值为（见表5-3）：

表5-3 随机一致性指标 RI 的取值

阶数	1	2	3	4	5	6	7	8	9
RI 值	0.00	0.00	0.52	0.89	1.12	1.26	1.36	1.41	1.46

当 $CR<0.10$ 时，判断矩阵则通过一致性检验，具有满意的一致性，否则需要调整判断矩阵直至其通过一致性检验。

第四步：层次总排序，并进行一致性检验。计算某一层次所有因素对于最高层相对重要性的权值，并进行总的判断一致性检验（具体方法可参照第三步）。指标权重的具体确定数据见附录1。

5.3 潮州陶瓷产业高质量发展等级判断结论

本部分着重对潮州陶瓷产业转型升级七大方面20个细分指标的等级程度进行分析。

1. 评分依据

潮州市统计局数据、潮州市陶瓷协会数据及潮州市53家陶瓷制造企业线上问卷调研数据。

2. 专家来源及评分标准

专家共 5 位,其中高校经济管理专业专家 2 名、高校陶瓷专业专家 1 名、政府工作人员 1 名、陶瓷企业家代表 1 名。专家打分表及评分标准见附录 2。

根据各细分指标的权重确定及等级程度的估计,可计算出潮州市陶瓷产业高质量发展的程度,如表 5-4 所示。

表 5-4 潮州市陶瓷产业转型升级程度等级值

	专家一	专家二	专家三	专家四	专家五
指标 1	0.891	0.913	0.902	0.935	0.902
指标 2	3.445	3.339	3.604	3.445	3.339
指标 3	1.178	1.178	1.159	1.197	1.197
指标 4	4.368	4.264	4.316	4.420	4.524
指标 5	7.917	7.917	8.091	8.265	8.178
指标 6	0.560	0.560	0.574	0.581	0.567
指标 7	1.848	1.876	1.764	1.848	1.904
指标 8	4.725	4.725	4.788	4.788	4.599
指标 9	8.640	8.640	8.640	8.832	8.736
指标 10	2.368	2.496	2.304	2.528	2.368
指标 11	3.360	3.360	3.456	3.600	3.552
指标 12	16.660	16.898	17.374	17.850	17.136
指标 13	4.745	4.745	4.615	4.940	4.550
指标 14	1.216	1.200	1.200	1.248	1.264
指标 15	2.920	2.920	3.000	2.960	2.840
指标 16	3.300	3.300	3.256	3.432	3.344
指标 17	1.040	1.053	1.040	1.053	1.066
指标 18	1.875	1.850	1.800	1.850	1.800
指标 19	2.736	2.736	2.774	2.736	2.698

续表

	专家一	专家二	专家三	专家四	专家五
指标20	1.500	1.550	1.575	1.625	1.550
总分	75.292	75.520	76.232	78.133	76.114
平均分	76.258				

5.4 结果评价

上述指标评价体系评分总体显示：潮州市陶瓷产业整体转型升级发展处于中等偏上水平，正处于迈向高质量发展的攻坚阶段。

从企业资源来看，潮州陶瓷企业的规模普遍偏小，但目前看有较大进步，龙头企业资产规模不断增加；横比国内其他陶瓷产区如醴陵市、法库县、晋安区在整个产业规模上大于上述城市，仍然是国家最大陶瓷产品生产和出口基地。规模偏小还体现在近一半调研企业年营业收入小于2000万元，企业员工数少于100人，且潮州陶瓷企业人员学历情况不容乐观，在高质量发展阶段将面临高学历生产人员、管理人员及技术人员的短缺，体现在企业大专以上学历人员比重不高，近一半企业比例不到10%。

从生产能力来看，潮州陶瓷企业生产能力相对较好，自动化或智能化生产企业占比超过一半，但绝大部分企业尚未实现陶瓷全自动化和全智能化生产；调研企业有八成通过了 ISO 9000/9001 认证，这意味着潮州陶瓷企业日益重视强化品质管理，提高经济效益，拥有通过认证提升企业形象和市场份额的意识；潮州陶瓷生产较北方陶瓷企业而言，具有全年无休运转生产的地理优势，物流发达，准时交货率较高。

从市场地位来看，企业在产品原料采购和销售定价方面具有一定定价权，有超过七成企业可以以同期市场均价采购到原材料；且潮州陶瓷企业以出口为主的局面没有发生大的改变，且每年新开拓的市场数量不多，市场覆盖率不高。

从营运盈利能力来看，潮州陶瓷企业情况相对较好，企业资产负债率在合理范围内，且不高，但同时意味着企业通过借债投融资能力和水平不高，一定程度上也解释了潮州陶瓷企业规模普遍偏小，难以形成规模效应的原因。

从产品盈利能力来看，调研企业有约 1/4 的企业生产智能化陶瓷、陶瓷材料、文化创意陶瓷等高端陶瓷产品，大部分企业的利润还有提升的空间。

从企业管理情况来看，组织结构合理和信息化投入分值均偏低。企业信息化建设主要包括计算机网络等硬件基础设施建设，以数据收集、加工整理和存储为主要内容的信息资源建设以及信息系统软件支持三个方面内容。潮州大部分企业尚未实现专业采购、物流、生产、财务等软件系统化管理等现代管理工具。

从创新创意来看，面对市场需求减少，消费升级和渠道裂变，我国环保政策进一步收紧，国外国际贸易保护主义抬头，我国陶瓷产品在国际市场的竞争力逐渐削弱，不提高产品附加值，利润微薄的局面将难以为继。潮州陶瓷企业创新创意能力有待提高，体现在企业研发费用占营业收入比例较低、研发投入不足、研发人员人数偏低、专利数量偏少、新产品的开发周期较长以及企业与科研机构合作不紧密、科研机构平台数量少等方面。

从企业环境来看，潮州陶瓷企业普遍存在商业模式滞后。体现在市场开拓能力差的情况，多数企业局限于固定客户营销模式，固守线下市场，线上市场业务占比极低。作为企业发展核心要素的产品质量，处于中下游水平，企业产品质量提升能力一般。体现在重点企业商标保护意识不强、品牌意识差，全市陶瓷企业认知度高、受众广泛的驰名商标或品牌不多，没有品牌和高质量产品，将导致产品价格难以提升、附加值低，进而导致利润率低。

第6章 后疫情时代潮州陶瓷产业高质量发展路径及建议

6.1 培育"外贸+内销"双市场新业态

针对传统外贸市场,面对海外疫情严峻形势,企业要积极主动,维护外贸客情关系,加深与客户的沟通与交流,积极争取对方国家疫情稳定后的订单。潮州市华侨众多,要充分发挥粤商会、潮商会、外国驻粤商会等海内外平台的作用,搭建通向国外市场的多元化桥梁,稳定对原有主要市场的出口,同时积极拓展受疫情影响较小的新兴市场,寻求订单新增长点,以多元化市场结构保证订单需求。同时,面对内销营销模式、客情关系等都发生巨大变化的情况,企业要积极探索,从"质量、品牌、营销"上"三位一体"策划发展路径,大力拓展国内市场。积极探索"工厂直达"销售模式,发展柔性定制等业务,从陶瓷"最大陶瓷出口基地"名片向国际、国内市场"双基地"转变。

6.2 开展"线上+线下"双渠道新营销

一是充分利用各类外贸和内销网络平台扩大市场,加大与电商平台的合作力度,构建线上线下营销网络体系,鼓励企业参加线下和网络交易会,利用好跨境电商平台,探索直播电商渠道,抢抓"互联网+销售"发展机遇,探索企业联名,打造陶瓷网红品牌产品的营销模式。二是培育市场拓展新渠道,改变实体营销、关系客户、见面洽谈等获取客户资源的模式,通过B2B平台、短视频平台、自媒体平台等流量比较多的线上推广平台开展企业和产品营销，主动被动相结合，积极进行线上开店、直播带货、VR展厅等数字营销手段，在触达消费者后获得品牌认同、提高转化率，全面抢抓客户资源。三是将线上市场拓展和内销人员培育作为企业营销工作重点，拓宽电商销售渠道，设置和培训专业线上和内销营销人员，为企业在国际和国内两个市场长期拓展奠定基础。四是开展城市营销和主导产品品牌推广，发挥龙头企业打造品牌的"领头雁"效应，提升城市和产业两个维度的品牌知名度和综合竞争力。

6.3 打通"短期+长期"融资通道

目前，潮州主要出口产业资金链断裂、资金短缺是导致企业难以为继的最主要原因之一。因此，从短期来看，要发挥政府引导作用，在符合监管要求的前提下，协调银行放宽客户准入和担保条件，优化审批、简化流程，推出疫情支持企业融资新型专项金融工具和产品。实施"企业融资白名单"制度，充分利用广东省中小企业融资平台和潮州市中小微企业贷款风险补偿基金在资金获得中的作用，发挥供应链融资、贸易融资、知识产权融资的杠杆效应，引导金融机构优化调整资金投向和使用效率。特别强化中长期贷款的实施，解决企业短期难以偿还的困境，为企业提供优质融资支持。从长期来看，要进一步完善和健全支柱产业企业融资风险补偿机制，设立专项资金、融资风险补偿资金池或建立企业互助基金，将经济波动和突发公共事件等导致的企业经营波动融资风险"熨平"。

6.4 实施"集群+智能"发展战略

面对新冠疫情冲击，2020年9月，潮州市印发《潮州市打造千亿陶瓷产业集群行动方案》，提出着力打造世界级的陶瓷先进制造业产业集群，进一步擦亮"中国瓷都"品牌。在方案实施过程中，一方面，潮州市应以供给侧结构性改革为主线，以增强企业和产品核心竞争力为目标，充分利用产业园区平台，发挥重大项目的载体作用，打造"规模化"的陶瓷产业集群。陶瓷产业集群的建设，有利于扩大产业发展规模、优化产业空间布局、提高产业发展质量、增强产业品牌效应，可有效推动陶瓷产业做大做强。另一方面，打造"智能化"陶瓷产业集群，鼓励支持企业技术改造，加大研发投入力度，普及"互联网+技术"在产业的应用，特别是实施数字化、智能化改造，推动5G、大数据、云计算、区块链等新一代信息技术与潮州陶瓷产业深度融合，不断增强陶瓷产业发展新动能，促进潮州陶瓷高质量发展。

6.5 构建"陶瓷+文旅"发展模式

潮州提高产品的附加值和市场竞争力，除技术提升产品质量、发展高科技产品外，差异化和特色化产品在实现由产品输出向品牌输出转型中的作用不容忽视。而将陶瓷产业与旅游和文创融合，是提高潮州陶瓷产品产业融合度及品牌特色的重要举措。潮州旅游资源丰富，文化底蕴深厚。2020年，潮州实现旅游收入199.93亿元，接待海内外游客人数1607.34万人次。2021年1月，潮州出台《关于进一步推动旅游高质量发展的工作方案》，提出将旅游业培育成为潮州的战略性支柱产业、现代服务业龙头产业。因此，可以通过产业融合，一是探索开发"陶瓷+旅游"的发展模式，抓住潮州大力发展旅游业的契机，生产和设计具有文旅特色的陶瓷精品，促进日用陶瓷的特色化发展；二是探索开发"陶瓷+文创"发展模式，将陶瓷产品设计与发扬潮汕文化理念相融合，以瓷器为载体解读中国文化和潮汕文化，对市场进行细分，扩大喜爱中国文化的国外客户以及国内注重品质和文化感的新中产用户群，用文化创意为潮州陶瓷产品提高文化附加值，提高品牌识别度，获取品牌溢价效应，全面创新陶瓷产业发展模式。

6.6 提升"全面+持续"综合竞争力

首先，要加强质量品牌建设，推广先进质量管理方法，推动陶瓷企业建立全方位、全过程的质量管理体系，用质量做名片，提升产业竞争力。努力通过陶瓷等支柱产业的发展，使潮州成为全省沿海经济带重要一极，与佛山等珠三角陶瓷产区城市加强产业合作与对接；同时准确把握广东省对"汕潮揭都市圈"的定位和政策，对外争取对口扶持等外部资源，对内加强"圈内"产业专业化分工协作；强化制造业与生产性服务业的融合，如通过优化粤东物流网络空间布局，建立物流分拨中心，提升货物流通作业效能，解决物流成本高于粤东平均水平等问题，降低企业非生产性成本。其次，扶持龙头企业做优做强，支持龙头企业开展行业技术和产品标准化，制定行业标准，提高产业生产流通效率；改变家族式传统管理模式，建立现代企业制度，启用信息化管理工具，实现企业管理现代化。再次，重视并加强产学研的结合，加强与地方院校陶瓷相关专业及科研机构在人才培养、创新设计、技术改造及材料研发等方面的合作，破解陶瓷产业高质量发展的制约性问题。实施校地人才"共育"工程，培育产业亟须技术和管理人才；充分利用好 2021 年开展的"潮州市陶瓷产业人才振兴计划创新创业团队引进和本土创新科研团队项目"，加快引进具有重大核心技术、产业化实力和市场前景的"旗舰型"人才项目团队，引进先进陶瓷领域、陶瓷智能制造领域、陶瓷新工艺领域人才团队，解决高端人才匮乏、技术人员短缺的局面。最后，优化营商环境，商、关、税信息数据互通，形成保出口和内销的合力。政府相关部门优化流程、减少环节和手续、降低税费，支持陶瓷企业获得"AEO 高级认证"，促进贸易便利化。通过产业规模大、技术强和产品优的硬条件和良好的营商环境软优势，陶瓷产业谋求"差异化、特色化、精细化和融合化"发展路径，全面提升陶瓷产业的先进性和系统性水平，实现潮州陶瓷产业高质量发展。

参考文献

［1］徐广林，林贡钦．工业4.0背景下传统制造业转型升级的新思维研究［J］．上海经济研究，2015（10）：107-113.

［2］周晓红．以转型升级助推中国制造业高质量发展［J］．江苏行政学院学报，2020（2）：56.

［3］张志元．我国制造业高质量发展的基本逻辑与现实路径［J］．理论探索，2020（2）：87-92.

［4］师博，韩雪莹．中国实体经济高质量发展测度与行业比较：2004—2017［J］．西北大学学报（哲学社会科学版），2020，50（1），57-64.

［5］江金波．旅游产业融合的动力系统及其驱动机制框架：以佛山陶瓷工业旅游为例［J］．企业经济，2018，37（5）：5-13.

［6］王林，王迎春．层次分析法在指标权重赋值中的应用［J］．教学研究，2002（12）：303-306.

附录1：潮州陶瓷产业高质量发展指标评价体系权重专家测评

课题组邀请了政府工作人员、高校经济管理专家、高校陶瓷专业专家、本市陶瓷企业代表讨论陶瓷产业的高质量发展指标评价体系，最终确定从企业资源、生产能力、市场地位、营运盈利、企业管理、创新创意和企业环境七大方面细分为20个明细指标。采用1~9及其倒数的标度方法对同一层次因素按照相对重要性进行两两比较，构造出不同层次因此两两比较的判断矩阵。

企业资源（A_1）判断矩阵

	企业总资产	大专及以上学历人数
企业总资产	1	1/5
企业大专以上学历人数占职工总数比例	5	1

生产能力（A_5）判断矩阵

	产线自动化、智能化	ISO 9000/9001 国际质量体系认证	准时交货率
产线自动化、智能化	1	1/5	1/3
ISO 9000/9001 国际质量体系认证	5	1	1/3
准时交货率	3	3	1

市场地位（A₅）判断矩阵

	原材料采购价格与同期市场均价比较	出口额	市场覆盖率
原材料采购价格与同期市场均价比较	1	1/5	1/7
出口额	5	1	1/3
企业每年新开拓销售市场数量	7	3	1

营运盈利（A₂）判断矩阵

	资产负债率	销售增长率
资产负债率	1	3
销售增长率	1/3	1

企业管理（A₃）判断矩阵

	组织结构合理性	管理信息化年投入
组织结构合理性	1	1/5
管理信息化年投入	5	1

创新创意（A₄）判断矩阵

	企业研发经费投入	专利拥有数	企业文化和品牌推广投入	驰名商标
企业年研发经费投入占销售收入总额比例	1	5	3	1
专利拥有数	1/5	1	1	1/5
企业文化和品牌推广投入	1/3	1	1	3
驰名商标	1	5	1/3	1

企业环境（A_5）判断矩阵

	地方基础设施完善	行政及商务服务便利	营运信贷资金可获得性强	行业协会协调力
地方基础设施完善	1	3	1/5	1/5
行政及商务服务便利	1/3	1	1/5	7
营运信贷资金可获得性强	5	5	1	1
行业协会协调力	5	1/7	1	1

潮州陶瓷产业高质量发展（$A_总$）判断矩阵

	企业资源	生产能力	市场地位	营运盈利	企业管理	创新创意	企业环境
企业资源	1	1/5	1/3	1/5	1/5	1/5	1/5
生产能力	5	1	1/3	3	1/3	1	3
市场地位	3	3	1	1/3	1/5	1/3	1
营运盈利	5	1/3	3	1	1/3	1	1
企业管理	5	3	5	3	1	3	1
创新创意	5	1	3	1	1/3	1	3
企业环境	5	1/3	1/3	1/5	1	1/3	1

通过采用归一化方法对各判断矩阵的特征值进行计算，得出某一层次指标相对于上一层次某相关指标的权重，并计算出该权重矩阵的最大特征值和对应特征向量，进行一致性检验。这里以 A_1 评价指标为例进行计算。

$$A_1 = [企业总资产 \quad 大专及以上学历人数]$$

$$A_1 = \begin{bmatrix} 1 & 1/5 \\ 5 & 1 \end{bmatrix}$$

将矩阵 A_1 按列归一化得到矩阵 B_1：

$$B_1 = \begin{bmatrix} 0.167 & 0.167 \\ 0.833 & 0.833 \end{bmatrix}$$

按行求和得：$V_1 = [0.334 \quad 1.666]^T$

再对 V_1 进行归一化后得到：$W_1 = [0.167 \quad 0.833]^T$

W_1 即为企业资源的指标权重,从以上数据可以看出,在企业资源指标中,企业大专及以上学历人数相对比较重要,占到企业资源指标比重的 83.3%,而企业总资产仅占 16.7%。

由 $A_1 \times W_1 = \lambda W_1$,得到 $\lambda_{max} = \frac{1}{n}\sum_i \left\{\frac{A_i W_i}{W_i}\right\} = 2.00$,由此得到 $CI = \frac{\lambda_{max} - n}{n - 1} = 0$,查表得到 $RI = 0$,计算一致性比例 $CR = \frac{CI}{RI} = 0$,因 $CR < 0.10$,所以判断矩阵的一致性是可以接受的。

同理,分别对生产能力、市场地位、营运盈利、企业管理、创新创意和企业环境等六个一级指标以及目标层指标进行权重计算,可得:

$$W_2 = [0.119 \quad 0.331 \quad 0.549]^T$$

$$W_3 = [0.074 \quad 0.283 \quad 0.643]^T$$

$$W_4 = [0.75 \quad 0.25]^T$$

$$W_5 = [0.167 \quad 0.833]^T$$

$$W_6 = [0.392 \quad 0.097 \quad 0.245 \quad 0.267]^T$$

$$W_7 = [0.130 \quad 0.246 \quad 0.378 \quad 0.246]^T$$

$$W_{总} = [0.064 \quad 0.158 \quad 0.098 \quad 0.128 \quad 0.286 \quad 0.165 \quad 0.100]^T$$

从而得到潮州陶瓷高质量发展的指标评价体系的权重值:

目标层	一级指标	二级指标	权重
潮州陶瓷产业高质量发展水平指标评价体系	企业资源(0.064)	企业总资产(0.167)	0.011
		企业大专以上学历人数占职工总数比例(0.833)	0.053
	生产能力(0.158)	产线自动化、智能化(0.119)	0.019
		ISO 9000/9001 国际质量体系认证(0.331)	0.052
		准时交货率(0.549)	0.087
	市场地位(0.098)	原材料采购价格与同期市场均价比较(0.074)	0.007
		企业出口总额占销售总额的比例(0.283)	0.028
		企业每年新开拓销售市场数量(0.643)	0.063

续表

目标层	一级指标	二级指标	权重
潮州陶瓷产业高质量发展水平指标评价体系	营运盈利（0.128）	资产负债率（0.75）	0.096
		销售增长率（0.25）	0.032
	企业管理（0.286）	组织结构合理性（0.167）	0.048
		管理信息化年投入（0.833）	0.238
	创新创意（0.165）	企业年研发经费投入占销售收入总额比例（0.392）	0.065
		专利拥有数（0.097）	0.016
		企业文化和品牌推广投入（0.245）	0.040
		驰名商标数量（0.267）	0.044
	企业环境（0.100）	地方基础设施完善（0.130）	0.013
		行政及商务服务便利（0.246）	0.025
		营运信贷资金可获得性（0.378）	0.038
		行业协会协调力（0.246）	0.025

附录2：潮州陶瓷高质量发展指标评价体系专家评分表

1. 企业总资产：全市规模以上陶瓷企业平均总资产（2019年数据）为5959.3万元							
60分以下（300万元以下）	60~70分（300万~2000万元）	70~80分（2000万~5000万元）	80~90分（5000万~10000万元）	90~100分（10000万元以上）	权重0.011	得分	

2. 企业大专以上学历人数占职工总数比例：调研规模以上陶瓷企业平均21%							
60分以下（10%以下）	60~70分（10%~30%）	70~80分（30%~50%）	80~90分（50%~70%）	90~100分（70%以上）	权重0.053	得分	

3. 产线自动化、智能化：调研企业情况为：是60.4%，否39.6%							
60分以下（50%以下）	60~70分（60%~70%）	70~80分（70%~80%）	80~90分（80%~90%）	90~100分（90%~100%）	权重0.019	得分	

4. ISO 9000/9001国际质量体系认证：调研企业情况为：是81.2%，否18.8%							
60分以下（60%以下）	60~70分（60%~70%）	70~80分（70%~80%）	80~90分（80%~90%）	90~100分（90%~100%）	权重0.052	得分	

5. 准时交货率：调研规模以上企业准时交货率平均为92%							
60分以下（60%以下）	60~70分（60%~70%）	70~80分（70%~80%）	80~90分（80%~90%）	90~100分（90%~100%）	权重0.087	得分	

6. 原材料采购价格与同期市场均价比较：相等的调研企业占比为71.7%							
60分以下（相等占比低于50%）	60~70分（相等占比50%~60%）	70~80分（相等占比60%~70%）	80~90分（相等占比70%~80%）	90~100分（相等占比80%以上）	权重0.007	得分	

续表

7. 企业出口总额占销售总额的比例：调研陶瓷企业平均为66%

60分以下（不出口）	60~70分（0%~50%）	70~80分（50%~70%）	80~90分（70%~90%）	90~100分（90%以上）	权重 0.028	得分

8. 企业每年新开拓销售市场数量：调研陶瓷企业平均3.2个

60分以下（0个）	60~70分（1~2个）	70~80分（3~6个）	80~90分（6~10个）	90~100分（10个以上）	权重 0.063	得分

9. 资产负债率：全市规模以上陶瓷企业该值（2019年数据）为39.5%

60分以下（70%以上）	60~70分（60%~70%）	70~80分（50%~60%）	80~90分（40%~50%）	90~100分（40%以下）	权重 0.096	得分

10. 销售增长率：调研企业为14.6%

60分以下（3%以下）	60~70分（3%~10%）	70~80分（10%~20%）	80~90分（20%~30%）	90~100分（30%以上）	权重 0.032	得分

11. 组织结构合理性：合理的调研企业占比62.2%

60分以下（合理占比50%以下）	60~70分（合理占比50%~60%）	70~80分（合理占比60%~70%）	80~90分（合理占比70%~80%）	90~100分（合理占比80%以上）	权重 0.048	得分

12. 管理信息化年投入：调研陶瓷企业为37.5万元

60分以下（20万元以下）	60~70分（20万~30万元）	70~80分（30万~40万元）	80~90分（40万~50万元）	90~100分（50万元以上）	权重 0.238	得分

13. 企业年研发经费投入占销售收入总额比例：调研陶瓷企业为4.58%

60分以下（1%以下）	60~70分（1%~3%）	70~80分（3%~6%）	80~90分（6%~10%）	90~100分（10%以上）	权重 0.065	得分

14. 专利拥有数：调研企业平均5.59个

60分以下（1个及以下）	60~70分（1~3个）	70~80分（3~6个）	80~90分（6~10个）	90~100分（10个以上）	权重 0.016	得分

15. 企业文化和品牌推广投入：调研企业平均33.2万元

60分以下（20万元以下）	60~70分（20万~30万元）	70~80分（30万~40万元）	80~90分（40万~50万元）	90~100分（50万元以上）	权重 0.040	得分

续表

16. 驰名商标数量：规模以上调研企业平均 2.5 个							
60 分以下（没有）	60~70 分（1~2 个）	70~80 分（2~3 个）	80~90 分（3~4 个）	90~100 分（4 个以上）	权重 0.044	得分	

17. 地方基础设施完善：认为基本完善以上企业占比 81.1%							
60 分以下（60%以下）	60~70 分（60%~70%）	70~80 分（70%~80%）	80~90 分（80%~90%）	90~100 分（90%以上）	权重 0.013	得分	

18. 行政及商务服务便利：认为便利的企业占比 49.1%							
60 分以下（0~20%）	60~70 分（20%~40%）	70~80 分（40%~60%）	80~90 分（60%~80%）	90~100 分（80%以上）	权重 0.025	得分	

19. 营运信贷资金可获得性：认为强的企业占比 45.2%							
60 分以下（0~20%）	60~70 分（20%~40%）	70~80 分（40%~60%）	80~90 分（60%~80%）	90~100 分（80%以上）	权重 0.038	得分	

20. 行业协会协调力：认为强的企业占比 32.1%							
60 分以下（0~20%）	60~70 分（20%~40%）	70~80 分（40%~60%）	80~90 分（60%~80%）	90~100 分（80%以上）	权重 0.025	得分	
总分								

专家签名：
年　　　月　　　日

说明：1. 本次关于潮州市陶瓷企业的调研有两个层次：指标 1、9 为全市层面，其余指标为调研的 50 家潮州陶瓷企业。2. 请专家根据评分标准在相应分值栏填写具体分数，并根据权重进行折合，最后得出总分。

下篇

乡村振兴视角下潮州陶瓷产业创新发展调查报告
——以潮州市潮安区凤塘镇为例[①]

摘　要：习近平总书记指出："要适应城乡居民消费需求，顺应产业发展规律，立足当地特色资源，拓展乡村多种功能，向广度深度进军，推动乡村产业发展壮大。"在此背景下，针对凤塘镇陶瓷产业发展情况，本报告通过问卷、实地调查访谈等方法，利用走访调研的结果和现有文献对凤塘镇陶瓷产业的发展进行了研究。研究认为凤塘镇陶瓷产业创新发展应打造人才绿色通道、实施"一乡一品"策略、通过旧村改造实现乡村振兴，同时加快农村电子商务发展，建设创新服务平台。本报告创新性提出打造文化创意产业园区与劳动教育实践基地相结合的"陶瓷+"跨界融合发展模式，实现"陶瓷+"多产业融合发展，形成复合式生态产业链，为潮州陶瓷产业创新发展提供了新的发展思路。这一研究对潮州及国内其他地区乡镇以特色产业创新发展带动乡村全面振兴具有一定的借鉴意义。

关键词：乡村振兴；陶瓷产业；创新发展；旧村改造；凤塘镇

---

① 本报告调研组成员：骆颖童、何雨恩、黄丽媚、郑秋爱、黄日亮、陈雪霞、庄彩铃。指导老师：李毅。

第1章　调查设计

1.1　调查背景

党的二十大报告提出：全面推进乡村振兴。坚持农业农村优先发展，坚持城乡融合发展。加快建设农业强国，扎实推动乡村产业、人才、文化、生态、组织振兴。在此背景下，凤塘镇开展了"旧村改造"①（以下简称"村改"）计划。自"村改"攻坚战打响以来，潮安区迅速贯彻落实市委、市政府关于"村改"工作的决策部署。村镇工业集聚区升级改造项目是潮安区打好打赢"三大战役"②的缩影。凤塘镇自被定为"村改"试点单位以来，将"村改"作为头等大事和头号工程，与打好打赢"三大战役"有机结合，举全镇之力高质量推进各项试点工作。③ 本报告以广东省潮州市凤塘镇为调研地，在乡村振兴视角下对陶瓷产业如何创新发展进行了系统研究，以实现产业振兴带动乡村振兴为目的，旨在为潮州其他乡镇创新发展提供参考模式。

1.2　调查目的

首先，通过深入了解凤塘镇陶瓷产业发展的现状，探析当地陶瓷产业发

---

① 旧村改造是对城乡建成不久的农村村内部分年代较久的危旧房屋、设施按照标准进行改造和修缮，也就是旧改。
② "三大战役"具体包括"干部思想作风转变"战役、"历史遗留问题解决"战役、"资源配置优化"战役。
③ 潮安区打好打赢"三大战役"现场会暨第八场镇场"书记讲坛"活动讲话［EB/OL］.（2022-04-03）［2022-10-31］. https：//www.163.com/dy/article/H41KDE090530QLUU.html.

展存在的问题。其次,通过与凤塘镇陶瓷产业的从业者、凤塘镇村民及潮州在校大学生的深入访谈、调查,分析凤塘镇地区陶瓷产业发展存在问题的原因。最后,将调查研究后得出的问题进行分析,并在乡村振兴视角下提出相对应的解决方案,促进当地产业的振兴。

1.3 调查对象

一是陶瓷从业者。此次调查针对在潮州市潮安区凤塘镇进行生产经营的工作人员。随机对凤塘镇若干陶瓷厂或企业进行实地调查,了解当地陶瓷产业内部真实情况,并对凤塘镇陶瓷从业者进行访谈,深入了解陶瓷产业的发展状况。同时,还对陶瓷业内专业人士进行访谈(见表1-1),更加宏观地了解潮州陶瓷产业的发展状况。

表1-1 访谈对象一览表

类别	访谈对象	人数
政府	凤塘镇政府	5
行业协会	潮州市陶瓷行业协会秘书长	2
企业	陶瓷类公司	10
	陶瓷加工厂	13
陶瓷从业者	直接参与生产劳动的人员	28
	不直接参与生产劳动的人员	5
引进人才	高校引进人才	24

二是潮州市民。调研中,采取随机对凤塘镇的居民进行问卷调查,了解周边居民对陶瓷产业的看法、陶瓷产业对其生活的影响和对陶瓷文化的了解情况。

三是潮州在校大学生。调查中主要针对来潮读书的大学生和本地大学生进行问卷调查,了解潮州大学生群体对凤塘镇陶瓷产业及文化的了解程度。

1.4 调查方法

通过指导老师的系统指导，理论联系实际，对潮州陶瓷产业发展情况进行调查分析。在潮州陶瓷产业发展现状分析中，运用数据和实地调查结合的方法进行系统分析，探究潮州凤塘镇陶瓷产业发展趋势。

1.4.1 问卷调查法

本次调查采用了随机抽样方式，共发放调查问卷241份，有效问卷为219份，有效回收率为90.8%。其中，潮州市民59人，占26.9%；在校大学生70人，占32.0%；陶瓷从业者90人，占41.0%。问卷分别调查了潮州市民、在校大学生、陶瓷从业者对凤塘镇陶瓷产业的了解程度，同时制作访谈问卷，对陶瓷业的从业人员进行深入访谈。

1.4.2 文献分析法

在本次调查过程中，我们对陶瓷产业和乡村振兴方面的研究进行了资料收集，并阅读大量有关文献。例如，乡村振兴下产业发展研究、品牌战略与陶瓷发展、农村电子商务推动乡村振兴的动力机制、乡村人才培养策略等，同时结合所学专业知识加以总结分析。

1.4.3 实地调查法

调研组多次前往凤塘镇进行实地调查，观察当地的交通及基础设施建设，并对陶瓷产业工作人员和周边居民进行访谈，获取第一手资料。

第 2 章　潮州市潮安区凤塘镇陶瓷产业发展概述

2.1　凤塘镇产业分析

2.1.1　产业发展历史

潮州陶瓷有着悠久的历史，素与景德镇齐名。出土文物显示，早在 4000 多年前的新石器时期潮州地区已有制陶手工业的出现，唐宋时期，潮州已经成为南方陶瓷生产的重要基地，潮州陶瓷也曾通过"海上丝绸之路"出口到南洋诸国。据记载，公元 960 年，印尼商人李甫专程经过两个月的海上航程到达潮州，用香料、犀角和象牙换取潮州陶瓷。[①]

2.1.2　产品种类

凤塘镇陶瓷产品品种众多，拥有日用陶瓷、工艺美术陶瓷、卫生陶瓷和特种陶瓷四大类。瓷器瓷质纯净、细腻，釉色有白、青、影青、黄、酱色等。

一是日用瓷。日用瓷采用的是先进的机械和窑炉设备，大胆引用国内外高级的陶瓷原料，经过精细加工、科学配制，使瓷质细腻密致、表面光滑、透光性强，达到白如玉、声如磬、明如镜的效果。在造型和装饰方面充分迎

---

① 潮州陶瓷产业分析报告——探索改革升级之路 [EB/OL]. 百度文库，https://wenku.baidu.com/view/b46837f26c1aff00bed5b9f3f90f76c661374cf2.html?_wkts_=1669954609867&bd.Query=%E6%BD%AE%E5%B7%9E%E9%99%B6%E7%93%B7%E4%BA%A7%E4%B8%9A%E5%88%86%E6%9E%90%E6%8A%A5%E5%91%8A%E2%80%94%E2%80%94%E6%8E%A2%E7%B4%A2%E6%94%B9%E9%9D%A9%E5%8D%87%E7%BA%A7%E4%B9%8B%E8%B7%AF.

合世界潮流和新时尚：有高雅华丽、色彩丰富的釉上彩；有晶莹润泽、不易擦伤、不含铅镉的釉下彩；有融合釉上彩和釉下彩于一体的釉中彩产品。

二是工艺美术瓷。工艺美术瓷继承优秀的传统技法，融合了现代气息和艺术。如被称为在瓷林中一枝独秀的通花瓷，就是通花和彩绘相结合，一雕一彩，相得益彰；瓷花瓷器是用手工把精细的瓷土一瓣一瓣地捏制成各种瓷花，再把千姿百态的各式瓷花巧妙地组合在一起。人物瓷塑运用雕、塑、捏、贴多种技法，运用多种装饰形式，形成独特的风格。

三是卫生陶瓷产品。主要有卫生洁具、马克杯、琉璃瓦、釉面砖、仿古屋脊、栏杆、耐火砖等，以卫生洁具为最盛。

四是特种陶瓷。主要是三环集团生产的电子陶瓷，营收达 62.18 亿元[①]，产品技术和档次在国内居于领先地位。

2.1.3　产业规模

在销售方面，2017—2019 年日用陶瓷与卫生陶瓷发展趋势良好，一直呈增长趋势。2017—2019 年三年内总产量上升了 1900 万件，总产值上升了 45 亿元。总产量与总产值在 2019 年达到最高值，总产量约为 13200 万件、总产值约为 325 亿元。受新冠疫情影响，2020 年日用陶瓷与卫生陶瓷总产量与总产值开始降低，较上一年，日用陶瓷分别降低了 16.7%和 25.0%，卫生陶瓷分别降低了 16.2%和 1.3%，疫情的反复对陶瓷企业的生产经营影响显著，2021 年依然呈现下降趋势。随着疫情防控逐渐常态化，国家出台了各种企业经济扶持政策，陶瓷企业有望恢复原有生产水平，从发展前景来看，凤塘镇片区的卫生陶瓷，特别是智能卫浴陶瓷产品仍有很大发展空间。

---

① 资料来源：三环集团 2021 年年报。

表2-1 2017—2021年日用陶瓷、卫生陶瓷的总产量与总产值

年份	日用陶瓷		卫生陶瓷	
	总产量（万件）	总产值（亿元）	总产量（万件）	总产值（亿元）
2017	11300	280	8277	132
2018	12000	297	9353	150
2019	13200	325	9900	157
2020	11000	260	8300	155
2021	10000	257	8000	155

资料来源：潮州市陶瓷行业协会统计。

在企业设立方面，2012—2021年凤塘镇各类型陶瓷企业呈持续增长态势，2021年实有陶瓷企业数为919家，比2012年增加了669家。增长最快的类型为个体工商户，其次是有限责任公司，个人独资企业稳步增加，股份合作制公司无增无减。有限责任公司中有2家台港澳法人/自然人独资公司，1家中外合作公司（见表2-2）。

表2-2 2012—2021年凤塘镇陶瓷企业设立情况

年份	个人独资企业/家	个体工商户/家	股份合作制/家	有限责任公司/家	其他有限责任公司/家	总数/家
2012	163	20	5	59	3	250
2013	171	30	5	65	3	274
2014	182	38	5	71	4	300
2015	191	51	5	75	4	326
2016	199	74	5	90	5	373
2017	218	112	5	103	6	444
2018	227	153	5	120	6	511
2019	237	230	5	140	6	618
2020	245	289	5	191	7	737
2021	250	420	5	237	7	919

资料来源：国家企业信用信息公示系统。

数据显示，2013—2021年，凤塘镇陶瓷企业虽在2015年、2018年、2020年增长率稍有回落，但总体仍呈上升趋势，在2021年达到顶峰，增长率为24.7%（见图2-1）。至2022年，凤塘镇陶瓷企业数量仍然持续增加。

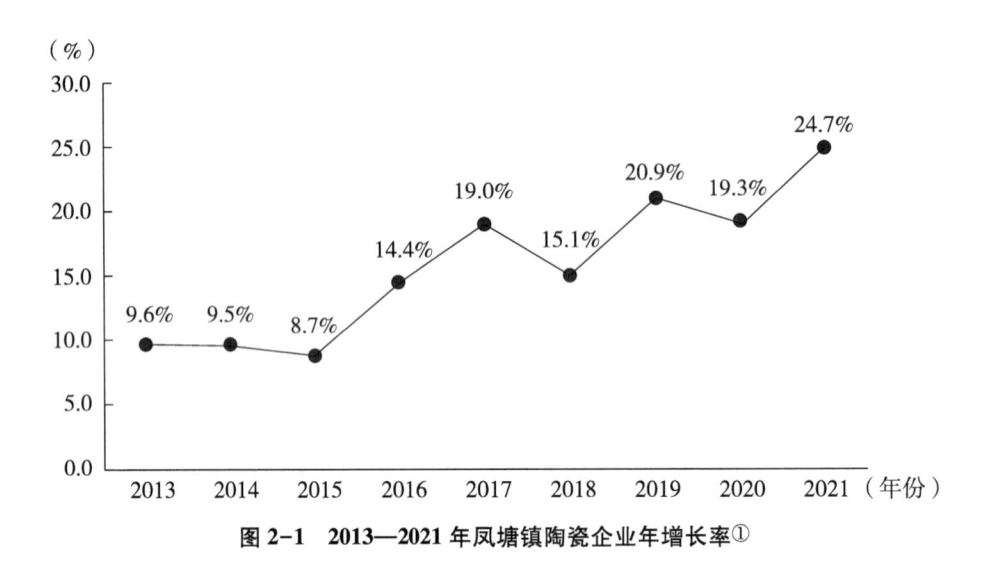

图2-1　2013—2021年凤塘镇陶瓷企业年增长率①

在品牌建设方面，根据潮州市潮安区人民政府公布的《2021年"四梁八柱"民营企业拟认定名单的公示》中可知（见表2-3），潮州市凤塘镇有4家陶瓷企业入选。其中，潮州三环（集团）股份有限公司为市直单位。

表2-3　2021年"四梁八柱"民营企业拟认定名单的公示②

序号	企业名称	行业类型	所属县区
1	潮州三环（集团）股份有限公司	制造业	市直
2	广东翔华科技股份有限公司	制造业	潮安区
3	广东恒洁卫浴有限公司	制造业	潮安区
4	广东恒泽科技股份有限公司	制造业	潮安区

据国家税务总局潮州市潮安区税务局发布的《2021年潮州高新技术企业

---

① 数据由表2-2推导而来。
② 关于潮州市2021年"四梁八柱"民营企业拟认定名单的公示［EB/OL］.（2021-08-12）［2022-10-31］. http：//www.chaozhou.gov.cn/zwgk/gsgg/content/post_ 3727761.html.

入选名单（陶瓷类）》，潮州市在 2021 年评选出的高新技术企业中，有 13 家主营业务为生产、销售、加工陶瓷制品的企业，其中凤塘镇内有两家入选，为潮州市乐盈弘陶瓷有限公司与潮州市雄美陶瓷实业有限公司（见表 2-4）。

表 2-4　2021 年潮州高新技术企业入选名单（陶瓷类）[①]

2021 年潮州高新技术企业（陶瓷）	地区	主营业务
潮州市乐盈弘陶瓷有限公司	凤塘镇	陶瓷制品，洁具，树脂制品等
潮州市雄美陶瓷实业有限公司	凤塘镇	生产、销售各式陶瓷制品、瓷泥等
潮州市潮安区植如建筑陶瓷有限公司	古巷镇	陶瓷卫生洁具，其配件，瓷泥等
潮州市潮安区奥特尔陶瓷有限公司	登塘镇	陶瓷制品制造，陶瓷制品销售，洁具制造等
潮州市潮安区派陶瓷业有限公司	浮洋镇	厨具卫具研发，日用杂品研发，陶瓷制品制造等
潮州市德科陶瓷有限公司	湘桥北站西路	陶瓷制品，陶瓷原料，陶瓷花纸等
潮州市弘扬陶瓷有限公司	浮洋镇	工艺陶瓷，陶瓷，陶瓷颜料等
潮州市联源陶瓷制作有限公司	潮州外环北路	各式陶瓷制品，卫生洁具，玻璃制品等
潮州市煜日陶瓷制作有限公司	潮安站北东路	各式陶瓷制品，树脂制品，水泥制品等
广东乐贤卫浴有限公司	古巷镇	陶瓷制品制造，洁具制造，陶瓷制品销售等
广东明泰盛陶瓷有限公司	饶平县	陶瓷制品，玻璃制品，金水等
广东顺祥陶瓷有限公司	枫溪如意路	陶瓷制品，洁具，陶瓷材料等
广东筑智陶科卫浴有限公司	工业园泾南分园	陶瓷制品，卫生洁具，橱柜等

---

① 潮州市潮安区工业和科技信息化局 潮州市潮安区财政局 国家税务总局—潮州市潮安区税务局转发关于公布广东省 2021 年高新技术企业名单的通知［EB/OL］.（2022-05-16）［2022-10-31］. http://www.chaoan.gov.cn/zwgk/gsgg/content/post_3798299.html.

2.1.4 产业用地现状

(1) 工厂及公司分布现状

凤塘镇陶瓷产业现对厂房的需求非常大，由于之前规划不科学，导致各方面环境都存在一定问题，工业产值较低，包括土地利用率低，无统一规划，存在许多破旧、落后产能的厂房。有的企业土地存在不合规，存在土地无证问题，生态化方面没有得到统一的处理，使陶瓷产业发展受到很大的制约。[1]

因此，凤塘镇用地的问题，一方面是土地利用效率低、集约化程度不高、土地浪费现象较为严重，另一方面是用地指标不够、企业用地需求迫切。

(2) 二类工业用地规划拟调整方案

二类（M2）工业用地指对居住和公共设施等环境有一定干扰和污染的工业用地，凤塘镇大多陶瓷类产业都属于二类工业用地。在政府即将调整的规划用地上，凤塘镇二类工业用地总用地调减了10.1公顷，调增了11.4公顷，总体用地约增加了1.3公顷。

表2-5 凤塘镇用地规划调整[2]

地块编号	所在位置	地块面积（公顷）	《现行规划》用地性质	调整后用地性质
1	新风路中段南侧	5.47	M2	B1
2	新风路东段北侧	1.99	M2	A3
4	高铁潮汕站连接线中段东侧	0.61	M2	R2
6	高铁潮汕站连接线中段西侧	1.30	M2、备用地	H14
8	冯厝村西侧	5.06	A3	M2
9	玉窖村进村路	1.40	M2、S2	M2、S2

---

[1] 委员提案：聚焦凤塘连片改造项目 促进集约用地加速高质量发展[EB/OL].（2022-05-23）[2022-10-31]. http://www.chaoan.gov.cn/ywdt/cayw/content/post_3799094.html.
[2] 潮安区凤塘镇总体规划（2017—2035）局部调整方案-公示稿[EB/OL].（2020-01-20）[2022-11-01]. http://www.chaoan.gov.cn/zwgk/jhgh/content/post_3664105.html.

续表

地块编号	所在位置	地块面积（公顷）	《现行规划》用地性质	调整后用地性质
10	凤塘镇域北侧东和村内	7.52	U2	M2、G1、E2
11	凤塘镇域东北侧西和村内	0.03	M2	U1
12	凤塘镇域东北侧西和村内	0.77	M2	U1
15	浮岗村旧村西南侧	0.30	R2	M2
16	东龙村中部	1.11	R2	M2
17	浮岗学校西侧	0.38	R2	M2
18	高铁潮汕站连接线南段西侧	0.89	M2	B1
合计		26.83		

2.1.5 产业生产技术现状

凤塘镇多数陶瓷厂采用的制瓷流程，如图2-2与图2-3所示。走访多家陶瓷厂得知，陶瓷厂在原料方面有固定合作商供应，在生产方面有固定类型的模具制作成型，后将加工成型的坯体摆放在木架上晾干，再给陶瓷坯体上釉（指在陶瓷坯体表面施一层瓷土、助溶剂加水调和成的釉浆）。釉浆经焙烧后即成为光亮、坚硬的釉层，贴上品牌商标后把瓷器制品送进烤窑。陶瓷厂常有固定烤瓷的场所，焙烧过程主要在窑炉中进行，坯体成批送入，成品成批输出，处于周期性的连续生产状态。最后打磨成品，形成光滑连续的瓷器。

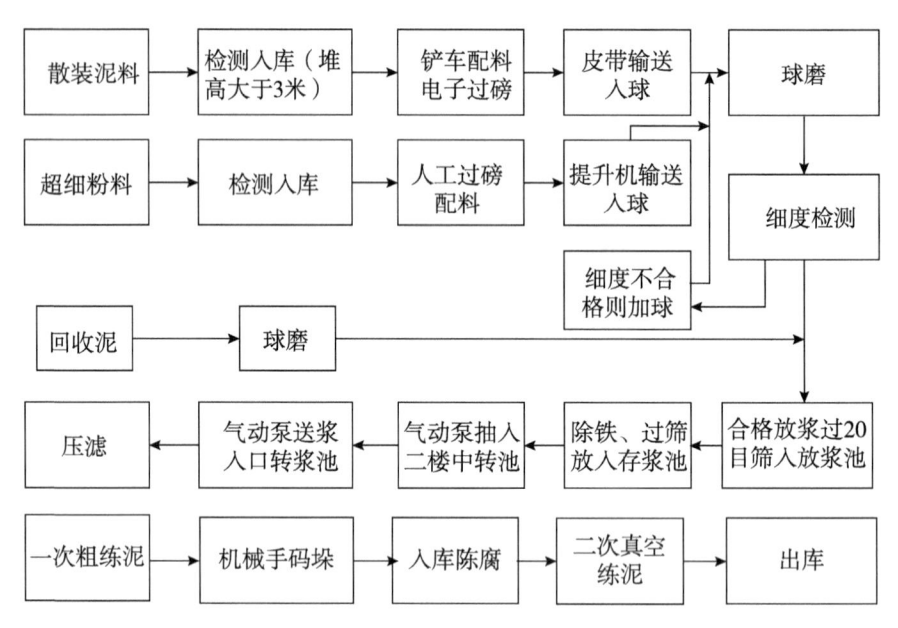

```
散装泥料 → 检测入库(堆高大于3米) → 铲车配料电子过磅 → 皮带输送入球 → 球磨
超细粉料 → 检测入库 → 人工过磅配料 → 提升机输送入球 → 细度检测
                                              细度不合格则加球
回收泥 → 球磨
压滤 ← 气动泵送浆入口转浆池 ← 气动泵抽入二楼中转池 ← 除铁、过筛放入存浆池 ← 合格放浆过20目筛入放浆池
一次粗练泥 → 机械手码垛 → 入库陈腐 → 二次真空练泥 → 出库
```

图 2-2　瓷泥生产流程

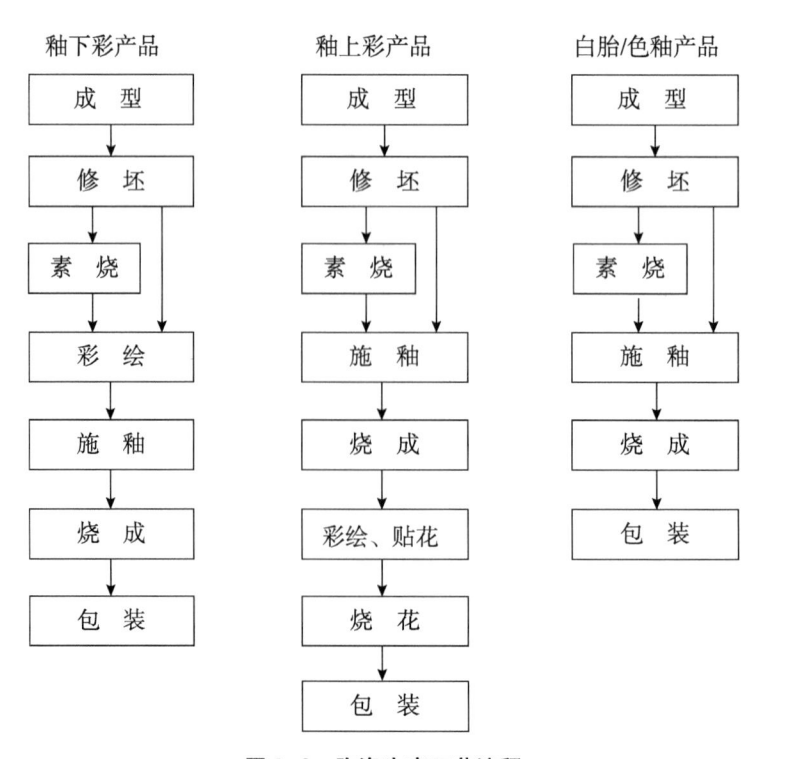

釉下彩产品
成型 → 修坯 → 素烧 → 彩绘 → 施釉 → 烧成 → 包装

釉上彩产品
成型 → 修坯 → 素烧 → 施釉 → 烧成 → 彩绘、贴花 → 烧花 → 包装

白胎/色釉产品
成型 → 修坯 → 素烧 → 施釉 → 烧成 → 包装

图 2-3　陶瓷生产工艺流程

经走访调查发现，凤塘镇陶瓷厂在陶瓷生产过程中的机械化、自动化程度较低，较少使用高新设备制作陶瓷，如表2-6所示，有45.0%陶瓷从业者表示其所在单位主要生产过程以人工为主，42.0%从业者表示两者都有，仅有13.0%从业者表示其以机器为主。反映出大部分陶瓷厂生产主要以人工为主，机器为辅。

表2-6 陶瓷单位的生产主力占比

生产主力	占比
机器为主	13.0%
人工为主	45.0%
两者都有	42.0%

资料来源：问卷调查——关于陶瓷从业者对陶瓷产业的看法调查。

对此，调研组分别对潮州陶瓷协会秘书长、陶瓷从业者以及当地居民进行访谈，潮州陶瓷协会秘书长柳茂春称："目前大部分工厂依赖人工生产，但也有部分大企业已经投入自动化生产设备，以提高产量，代替普通工人生产，目前行业已有自动化生产线5000条，为企业节约30.0%人工成本。"同时，大多数当地人包括陶瓷厂从业人员认为，陶瓷的制作不需要引用过多先进的设备，他们更倾向于雇用工人来代替购买机器设备，生产形式较为传统，安于现状，很少主动去了解国内外先进设备。

2.1.6 产业销售渠道

经过对凤塘镇陶瓷厂商的走访与对员工的问卷调查了解到，凤塘镇陶瓷产品的营销渠道主要集中在批发或零售。经实地调查发现，凤塘镇多数陶瓷工厂以代加工为主，客户多来自大型酒店、饭店等，通常订单金额较大，产品数量较多。据表2-7数据，网络销售占比为26.0%，其占比低的原因是凤塘镇陶瓷厂以流水线生产为主，款式较为单一固定，承接大量批发的订单能降低他们的设备投入成本。实体销售占24.0%，其占比低的原因受地理因素影响，经实地调查发现，约有70.0%的陶瓷企业位于较为偏僻的地区，适合承接订单而不适合进行门店销售。

表2-7 陶瓷单位现在主要销售渠道占比

渠道	占比
网络销售	26.0%
实体销售	24.0%
批发	46.0%
其他	4.0%

资料来源：问卷调查——关于陶瓷从业者对陶瓷产业的看法调查。

在网络销售方面，凤塘镇的创豪陶瓷经营部与多家零售商和代理商建立长期的合作关系，并在阿里巴巴也注册了商铺。诚和、润辉、义发陶瓷销售部除了对内批发外，还有外贸路线。凤塘镇主要从事陶瓷网店经营的商家有64家，而在"大众点评"查询到的厂家有33家，"拼多多"有8家，"淘宝"有20家。[①] 根据各平台查询后的数据可知，凤塘镇陶瓷厂商较少使用电商平台进行宣传或销售。

在销售前景方面，根据表2-8数据，62.0%的从业者认为目前凤塘镇陶瓷市场前景一般，仅有20.0%的从业者认为前景很好，另外有18%从业者对陶瓷市场前景持消极态度，其中包括15.7%从业者认为前景不太好，2.3%从业者认为前景不好。

表2-8 您认为陶瓷产业前景如何

选项	百分比
很好	20.0%
一般	62.0%
不太好	15.7%
不好	2.3%

资料来源：问卷调查——关于陶瓷从业者对陶瓷产业的看法调查。

---

① 数据来源：各电商平台公开数据。

2.2 凤塘镇陶瓷产业发展成就

凤塘镇陶瓷生产历史悠久，早在20世纪70年代至80年代初就开始生产卫生陶瓷，是全国较大、产品门类较齐全的陶瓷生产基地之一。2006年，凤塘镇获"广东省陶瓷专业镇"称号。2007年，凤塘镇被中国建筑卫生陶瓷协会授予"中国陶瓷重镇"称号。2017年，全镇实现工业总产值112.67亿元，其中规模以上企业产值89.80亿元；外贸出口1.40亿美元；税收收入2.86亿元；新增规模以上企业10家，零售业限额以上企业1家。至2018年，全镇拥有陶瓷生产企业513家，陶瓷配套生产企业135家，规模以上企业48家。产品销售网络不断扩大，在全国20多个省（自治区、直辖市）设有展销点。另外，全镇陶瓷企业拥有专利产品138多个，国家免检产品1项，注册商标485个，3个商标经市推荐申请"广东省著名商标"。2020年，凤塘镇顺利通过了"中国陶瓷重镇"复评，随后在2021年，入选"2021年全国千强镇"。[①] 在凤塘镇政府以及相关部门、行业协会的努力下，凤塘镇正在稳步向前发展。

2.3 产业发展优势

2.3.1 产业链配套齐全

通过对潮州陶瓷建筑卫生陶瓷行业协会秘书长、凤塘镇副镇长等的专访了解到，凤塘镇陶瓷产业的配套产品较为齐全，产业链相比于其他的乡镇要更加完整，特别体现在卫生陶瓷方面。

2.3.2 "村改"有望解决用地问题

目前，凤塘镇甚至整个潮州陶瓷产业发展都面临着用地困难的问题，凤

---

① 廖泽远．广东省陶瓷专业镇——潮州市潮安区凤塘镇［EB/OL］．（2021-08-24）［2022-10-31］．http：//dfz.gd.gov.cn/gdcy/http：//dfz.gd.gov.cn/gdcy/zyz/cz/content/post_ 3495900.html.

塘镇作为潮州第一个"村改"试点，能够借此机遇将废弃厂房、小散乱以及不达标的企业进行拆除，为经营状态良好、合规的企业提供发展空间，促进凤塘镇陶瓷企业向高端智能陶瓷方向发展。

2.3.3 靠近市中心，区位优势明显

凤塘镇位于潮州市西面，毗邻揭阳市，与潮州火车站为邻，335省道安揭公路、广梅汕铁路从北部穿过，是潮州西大门，也是连接潮州、汕头、揭阳三市的"金三角"。凤塘镇相比于其他偏远的乡镇，交通较为便利，离潮州市区距离较短，为产业的发展提供便利。

2.4 凤塘镇陶瓷产业的 SWOT 分析

通过查阅资料、阅读文献、实地考察以及问卷调查等方式，调研组对凤塘镇陶瓷产业有了深刻的认识，据此进行了 SWOT 分析（见图 2-4）。

优势	劣势
1.产业链配套齐全 2.在国内外具有一定知名度 3.产品质量好，订单量稳定 4.交通便利，近市中心 5.有良好的工业基础和投资环境 6.环境治理标准较高，污染程序小	1.土地利用率低，产业发展缺乏科学规划 2.自主品牌少，销售渠道较为单一 3.产品创新能力弱，缺乏创新人才，人才流失严重 4.企业缺乏土地进行扩张 5.产品趋同严重，存在恶性价格竞争 6.人工成本上升，燃气成本上升 7.陶瓷产业与其他产业事例度低 8.技术创新和改造能力弱
机会	威胁
1.新环保材料需求增加，国家政策带动新环保材料发展 2."村改"政策逐步落地，成为"村改"试点 3.为实现其他产业智能化、数字化、科技化提供物质基础 4."村改"政策整合社会资源，建设陶瓷产业园区，规划研发中心、基础设施、人才培育中心等	1.燃料成本高，利润空间小 2.生产依赖人力，人工生产成本高 3.疫情影响进出口，限制产品流通 4.缺乏跨境电商人才，不利于开拓国际市场 5.环保要求逐渐变高，对中小微陶瓷企业带来较大挑战

图 2-4 凤塘镇陶瓷产业 SWOT 分析

优势：产业链配套齐全、海外知名度高、原材料充足、交通便利、有良

好的工业基础和投资环境。据知情人士称，潮州陶瓷产业链完善，配套设备齐全，相比于其他陶瓷生产乡镇要更加完整，特别体现在卫生陶瓷方面。潮州市凤塘镇毗邻枫溪区、揭阳市的揭东区、潮州火车站，交通便利、有良好的工业基础和投资环境。凤塘镇的陶瓷产品长期销售到国外，尤其是欧美国家，这些国家经济发达，生活水平高，对生活陶瓷的需求量大，订单量稳定。凤塘镇制造、加工陶瓷的原料由潮州市内的陶土资源企业开采，而潮州市内的陶土资源总计超过1亿吨，其中"飞天燕"瓷土矿蕴藏量最多，土质最优，储存量3219万吨，居全国已勘探瓷土矿的第二位。

劣势：土地利用率低，产业发展缺乏科学规划；以代工为主，自主品牌少，销售渠道较为单一；产品创新能力弱，缺乏创新人才，人才流失严重；企业缺乏土地进行扩张；产品趋同严重，存在恶性价格竞争；人工成本上升，燃气成本上升；陶瓷产业与其他产业融合度低，还无法实现多产业融合发展；技术创新和改造能力弱，中小企业无力承担技改成本，部分中小企业将遭淘汰。陶瓷产业除了比较有名的工艺大师待遇比较好以外，普通的陶瓷从业者条件以及待遇都比较差，许多从业者选择到发展前景更好的地区进行发展。凤塘镇的陶瓷产业用地相当紧张，据知情人士透露，恒洁当年离开潮州就是因为曾经面临着缺乏土地进行扩张升级的困境，最终不得不到佛山进行发展，走出潮州。

机会：新环保材料需求增加、"村改"政策逐步落地，成为"村改"试点。党和国家出台政策，推动美丽中国建设，新环保材料具有低污染、作用强的特点，符合政策需要，未来这类新型材料的地位会不断地提高，市场对这类产品的需求会不断增大。高端电子产业需要性能优异的陶瓷零部件，为实现其他产业智能化、数字化、科技化提供物质基础。凤塘镇"村改"政策逐步落地，可以对镇里的土地进行合理规划，整合各项资源，为产业发展提供支持。同时建设陶瓷产业园区，规划研发中心、基础设施、人才培育中心等，使陶瓷生产规模化、集聚化、先进化。

威胁：燃料成本高、生产依赖人力、疫情影响进出口。凤塘镇陶瓷长期以外销为主，国内品牌知名度低，不利于内销市场开拓；环保要求越来越高，对中小微陶瓷企业带来较大挑战；潮州跨境电商刚刚起步，中小企业普遍缺乏跨境电商运营人才，不利于开拓国际市场。据有关人士透露，潮州的陶瓷产品成本中，燃料占了很大的比例，而国内其他陶瓷生产区的陶瓷产品成本里，燃料占比很低。如今，越来越多的行业开始采用机械进行智能化、机械化生产，人工生产成本高，效率低的企业面临着被淘汰的风险。

第3章　凤塘镇陶瓷产业所面临的困境

3.1　潮州大环境影响，陶瓷企业用人紧张

3.1.1　受传统思想影响，外来人员缺乏归属感

由于潮州市处于经济较为落后的粤东地区，且潮州人传统思想排外，地方方言比较特殊难懂，使外来人才归属感弱。多种因素导致对高学历人才吸引力不足，进而导致凤塘镇创新型人才缺失，陶瓷产品研发滞后。陶瓷产业作为潮州的传统产业，多数是家族式经营，难以做到科学管理。在对陶瓷厂负责人的访谈中了解到，他们更加信任内推员工，喜欢在熟人或亲戚之间选择经理、主管等管理人员。

3.1.2　经济环境对人才吸引力较弱

国家统计局数据显示，广东经济总量连续29年位居全国第一，2017—2021年在全省21个地市中，潮州市GDP排名较为靠后（见表3-1）。城市经济落后会造成人才大量流失，而凤塘镇受大环境的影响，也将导致陶瓷企业无人才可用。通过被引进来潮州就业的人才采访了解到，当时来潮是受广东省总体经济的吸引，并不了解广东省内其他地区的情况。

表3-1　2017—2021年潮州GDP、人均GDP及市排名

年份	潮州市GDP（亿元）	人均GDP（万元）	市排名
2017	1075.00	4.06	18

续表

年份	潮州市 GDP（亿元）	人均 GDP（万元）	市排名
2018	1067.28	4.03	16
2019	1080.30	4.00	18
2020	1096.96	4.27	16
2021	1244.85	4.85	20

资料来源：2017—2021年潮州市统计年鉴。

3.1.3 人才政策门槛高，对传统产业引进人才作用甚微

在政策方面，潮州政府人才引进政策门槛高，对于传统陶瓷产业引进人才起不到作用。潮州陶瓷行业协会秘书长提到，潮州企业不仅缺乏健全的企业制度，还缺乏良好的就业环境及福利，高尖端专业技术人才更是难以引进，本科生或研究生一般不会选择传统产业就业。

3.2 品牌在陶瓷市场上缺乏竞争力

潮州原有的陶瓷产业优势正在慢慢褪去，现面临进退两难的窘境。至2022年，潮州市共有4家陶瓷类上市公司，为广东松发陶瓷股份有限公司、潮州三环（集团）股份有限公司、广东四通集团股份有限公司、广东文化长城集团股份有限公司。与潮州陶瓷行业协会秘书长进行访谈后了解到，在凤塘镇900多家企业中，仅有恒洁卫浴和三环（集团）股份有限公司为人们熟知。

一方面，潮州有悠久的外销瓷历史，有丰富的外销瓷生产与营销经验，但对于国内市场则明显处于劣势；另一方面，产业的发展后劲不足，缺乏强有力的竞争实力。凤塘镇陶瓷品牌缺乏影响力主要表现在以下几点。

3.2.1 品牌建设滞后

潮州陶瓷产品长期以来的作坊式运作和贴牌生产，给业界的印象是以中

低档为主，区域品牌形象弱。潮州市联源陶瓷制作有限公司厂长认为，内销市场面向的用户多元、需求复杂，同时涉及库存、物流、售后服务以及品牌形象等多方面因素，对供应链整体的要求更高。在国内市场，人们对潮州陶瓷的认知度低，加上没有叫得响的品牌，内销品牌建设滞后，造成潮州陶瓷在国内市场的竞争力弱。

3.2.2 潮州陶瓷品牌在国内影响力不足

"提到陶瓷，大家都只知道景德镇和四大名窑，却不知道全国最大的陶瓷产区是我们广东潮州。"由于出口规模大，很长一段时间里，潮州陶瓷品牌疏于国内市场的打理，使潮州陶瓷"墙内开花墙外香"，对于潮州的外销型企业来讲，内销开拓困难重重，主要表现为终端不大、高端不强。

3.3 用地难题制约陶瓷产业发展

近年来，凤塘镇陶瓷产业快速发展。但由于历史原因，工业区缺乏科学规划、经济效益低下、违法违规占用、环境污染严重、安全隐患多发等问题突出，制约着凤塘镇工业的高质量发展。凤塘镇的用地难主要表现在以下几个方面。

一是政府的土地储备量少，据《潮州市潮安区凤塘镇总体规划（2017—2035年局部调整方案）》，目前的工业用地难以满足凤塘镇企业迅速增长的用地需求。

二是大量闲置土地批而未供。2021年，潮州市完成建设用地供应6213.95亩，其中划拨方式供应3209.84亩，出让方式供应3004.11亩，涉及土地出让金27.93亿元。全市围绕"增存挂钩"政策，推进已批未供和闲置土地处置工作，处置2019年以前批准批而未供土地2339亩，2019年后批准批而未供土地3233亩，处置闲置土地282亩。目前，全市存量批而未供土地

1.1万亩，供地率78.5%。① 闲置过多土地会造成资源浪费，也加剧了企业用地紧张问题。

三是企业择地办厂，出现区域性用地难。凤塘镇的企业大多是以来料加工的劳动密集型企业为主。企业选址建厂的主要特点是以人口、交通、配套设施为标准，且都要求集中某一区域，造成区域性用地紧张。

3.4 陶瓷文化与产业融合程度较低

3.4.1 文化创意人才短缺，与高新技术融合不到位

凤塘镇本地陶瓷艺术家，大多固于中国传统的技艺、造型、色调、画面和陈旧观念，使一些陶瓷作品至今依然保持着几十年不变的风貌。另外，在中国陶瓷产品设计、包装等环节，由于缺少人文创意和地方特色人文元素，也使凤塘陶瓷的整体艺术品位提升速度迟缓，文化品位也不高。据统计（见表3-2），凤塘镇非物质文化遗产的工艺人有5位。凤塘镇上的陶瓷工艺大师虽然掌握着非物质文化遗产的丰富知识和精湛技艺，但由于传承人少、与机器之间的结合不够导致相关的陶瓷文化输出不强。

表3-2 凤塘镇非遗传承现状

非遗	入选年份	级别	凤塘镇工艺人
潮州嵌瓷	2011年	国家级	苏清平、苏宝楼 苏宋裕、苏镇湘②
信靠龙窑	2019年	区级	邢利祥③

---

① 2021年潮州市土地供应情况 [EB/OL]．(2022-01-28) [2022-10-31]．http://www.chaozhou.gov.cn/zwgk/szfgz/zrzy/tzgg/content/post_3784462.html.
② 潮汕嵌瓷 [EB/OL]．(2015-04-02) [2022-10-31]．https://culture.southcn.com/node_9a7d010deb/cd356a55fc.shtml.
③ 信靠龙窑——潮州陶瓷工艺的"活化石" [EB/OL]．(2022-06-14) [2022-10-31]．http://www.chaoan.gov.cn/ywdt/cayw/content/post_3802119.html.

3.4.2 核心创意缺乏，与其他产业融合不到位

在乡村振兴背景下，文化创意产业需与其他产业高度融合才能最大限度地带动乡村的经济增长。但是，目前凤塘镇的陶瓷企业还没有把乡村的文化资源充分利用起来，陶瓷产品的文化内涵和创意不够，文化附加值不高，高端陶瓷产品较为匮乏，导致文化创意产品缺乏地域特色，很难在市场上立足，且没有与旅游业、餐饮业、特色农业融合的观念，致使陶瓷产业在创意和转型发展方面停滞不前。

据潮州市文化广电旅游体育局相关人士称，近年来，潮州市文化创意产业取得长足发展，但问题和短板仍然突出。一是产业发展水平不高，规模总量较小，尽管经营机构数量多，但集约化程度低，产业结构不平衡，文化服务业比重过小。二是竞争力和影响力不足，企业普遍规模小；缺少影响力较大的行业领军型企业或品牌，一部分可产业化的非遗资源还没有得到规模化发展；产业集聚起步迟、程度低，与先进地区差距较为明显。

3.5 小微企业数量多，生产技术不高

3.5.1 小微企业生产设备不佳

潮州市陶瓷协会会长林道藩表示，凤塘镇乃至整个潮州市的瓷泥行业整体呈现为小、散、乱、污的现状，原料标准化和自动化程度低。截至2021年7月，凤塘镇瓷泥厂大多是小微企业，生产设备和生产工艺不够先进，泥料上游原矿材料商不稳定，使泥料批次供应质量产生波动，除了容易烧坏裂开，还易使烧制完成后的成品大小有偏差，贴花图案产生位移。

3.5.2 技术研究还属于初级阶段

潮州陶瓷协会秘书长柳茂春在交流中提到："潮州原有广东省陶瓷研究院，早期在陶瓷生产工艺上起着重要的作用，如产品创新、工艺创新、陶瓷

材料检验等，为潮州陶瓷产业发展发挥了重要的作用，后因体制改革合并到韩山师范学院。目前，潮州还有陶瓷研究院，但暂时谈不上发挥了什么作用。"虽然我国高性能结构陶瓷生产工艺技术已有很大提升，但在关键工艺技术和装备上仍然有较大差距，国产装备的性能和可靠性还难以达到国际先进水平。在科研院所方面，虽然研发了很多技术成果，但绝大多数处于实验室研究阶段，成果距离产业化的目标还有较大距离。

3.6 与乡镇电子商务平台相配套的基础设施落后

电子商务对交通条件、网络环境等配套基础设施要求较高，就目前情况而言，与潮州陶瓷企业的电商平台技术相配套的基础设施建设方面也存在发展瓶颈。

3.6.1 交通基础设施建设不完善，道路较窄

凤塘镇存在路网分布不均衡、技术等级偏低、等级结构配置不合理和干线公路街道化严重等问题。经实地调查发现，凤塘镇由于陶瓷厂聚集，导致道路较为拥挤，车辆没有足够的行驶空间，车辆掉头比较困难，通常需要绕路行驶。

3.6.2 网络基础设施限制"互联网+产业"的发展

无论是网上销售还是内部管理，都离不开网络。但在潮州部分地方网络通信设施仍不完备，村民也不擅长使用网络，这些地方的网络技术、信息、资费和速度等远不能满足"互联网+产业"的需要。

第4章 乡村振兴背景下凤塘镇陶瓷产业创新发展的设想与建议

4.1 打造人才绿色通道,助力陶瓷产业振兴

4.1.1 增加资金投入,鼓励乡镇人才创新创业

相关部门应关心帮助解决人才在生活、工作、住房上的困难,在工作上提供一个良好的环境。针对陶瓷产业发展对知识更新、技能升级、素质拓展的需求,重点提高新知识、新技能、新业务的应用能力,以拓展人才在陶瓷产业领域的发展空间。重视"荣誉""称谓"对人才的激励影响,为对陶瓷产业贡献度大的人才授予特殊称号,完善以能力绩效为取向、以竞争上岗为主要内容的竞争机制,确保人才的有效利用,形成一套完整的荣誉评价、授予和奖励的机制。要加大科技贡献奖励的幅度,实行一流人才、一流业绩、一流待遇的政策。完善人才资源分配机制,建立人才成长发展的激励机制,激发人才工作创新活力。

4.1.2 联合高校队伍,满足乡镇人才需求

在吸纳乡镇人才时,可与高校进行合作。一方面,与高校进行合作能够缓解凤塘镇陶瓷企业用人难、招工难、人员流动性大的问题,为企业适量引进管理及数字化人才,提升产品研发能力;另一方面,又能够为高校毕业生提供实习岗位,鼓励学生把所学知识运用于现实,提高学以致用的能力,切实提升学生的综合素养,增强学生进入社会的适应性,解决自身就业问题。

通过校企合作的方式，打造学生实习就业平台，以陶瓷企业作为学生的实习基地，或是鼓励和引导在校大学生利用假期和课余时间到本地陶瓷企业从职、调研、见习的方式参与企业的管理，能够为研发新产品积累技术经验和做到企业科学管理积累经验。

4.1.3 政府加大把关力度，督促政策落实

相关政府部门不能让人才引进停留在纸上，而是要使其发挥实际的作用。上级部门要加大管控力度，实时跟进政策的落实；对引进来的人才要具有诚意，突出人文关怀，不能让来潮人才"心寒"；补助要及时落实，尽量缩短审批周期，简化审批流程，突出诚意；积极与人才沟通，了解他们的需求，提高人才被引入潮州后的归属感。

4.2 打造"一乡一品"品牌，推动全面振兴

"一乡一品"是指在一定区域范围内，以乡为基本单位，按照国内外市场需求，充分发挥本地资源优势，通过大力推进规模化、标准化、品牌化和市场化建设，使一个村或几个村拥有一个或几个市场潜力大、区域特色明显、附加值高的主导产品和产业。

4.2.1 因地制宜谋发展

凤塘镇应当发挥当地陶瓷厂工业集群优势，以乡为基本单位，推进陶瓷产业规模化、标准化、品牌化和市场化建设。各乡村企业应当重视龙头企业的培养，打造乡村特色品牌，加速对陶瓷乡村产业的优化，从而以陶瓷产业为根本，形成特点突出的"地域名片"，达到陶瓷兴村的效果。

4.2.2 突出乡镇文化内涵

文化要振兴，首先要突出本镇文化，信靠龙窑和潮州嵌瓷为凤塘镇的传统非遗文化，是凤塘镇内各乡村打造特色品牌的重要载体。但由于当地企业

忽视其内在价值,以致当地非遗不能得到良好的宣传。企业可加强与非遗传承人或手工艺人之间的交流合作,使非遗文化发挥其最大价值。其次,探索开发"陶瓷+文创"发展模式,将陶瓷产品设计与发扬潮汕文化理念相融合,以瓷器为载体解读中国文化和潮汕文化,对市场进行细分,扩大喜爱中国文化的国外客户以及国内注重品质和文化感的新中产用户群,用文化创意为潮州陶瓷产品提高文化附加值,提高品牌识别度,获取品牌溢价效应,全面创新陶瓷产业发展模式。

4.3 借力"村改"机遇,实现生态振兴

4.3.1 拆除淘汰厂房

借助凤塘镇作为"村改"试点项目的契机,将升荣陶瓷制作厂、陈镜波陶瓷加工场、明洋陶瓷机械加工厂、福尼尔陶瓷洁具厂等131家注销陶瓷厂拆除清理,为新生陶瓷厂提供发展空间。淘汰落后产能、拆除旧厂房,改造为商业服务设施,满足凤塘镇建设发展需求和片区商业设施配套。

4.3.2 统筹安排土地使用,优先考虑绿色陶瓷产业

对于改造后的园区规划,坚持规划先行,结合绿色产业发展方向,合理提高工业用地容积率、利用率,高水平、高标准打造特色产业集聚区。根据陶瓷企业的需求和发展前景进行分配使用,着力解决好"闲置土地"与"重大企业项目落地难"的矛盾问题,唤醒"沉睡的资产",实现土地资源配置优化。区委、区政府应积极围绕陶瓷园区绿色发展、高质量发展进行规划,以打造潮州一流绿色发展园区为目标,在督促企业对原有设备进行高水平环保治理的同时,鼓励企业进行能源置换,使用清洁工业燃气,要从根本上解决陶瓷产业污染问题。

4.3.3 鼓励新旧企业引进先进设备，重视绿色发展

"绿色发展"既是国家对企业的要求，也是企业作为重要的社会力量，投身美丽建设的必行之举。引进先进设备后不仅会帮助企业实现减员增效，随着劳动生产率的提高，单位产量的能耗、物耗、污染排放也会随之下降，同时，企业通过节能降耗也降低了成本。实现在绿色发展的道路上，以技术革新实现节能减排，以创新精神打造陶瓷产业，不断突破在可持续发展方面的瓶颈，引领陶瓷产业的绿色发展。让环保治理不再成为所谓的"沉重负担"，而是确保稳定经营的重要基础，使其在经济发展过程中，创建节约型社会、加强生态建设，发挥更重要的作用。环境保护不再是伤痛的借口，而是成为展示陶瓷企业社会责任感的最有说服力的名片。

4.4 基于地方性文化，推动乡镇"陶瓷+"跨界融合

产业之间的关联是产业融合的基础与前提，彼此之间的关联性越强，各自的资源利用率也就越高，就越容易形成融合。为此，我们认为凤塘镇可以依托陶瓷产业打造文化创意产业园区与劳动实践基地相结合的"陶瓷+"跨界融合发展模式，具体设想如图4-1所示。

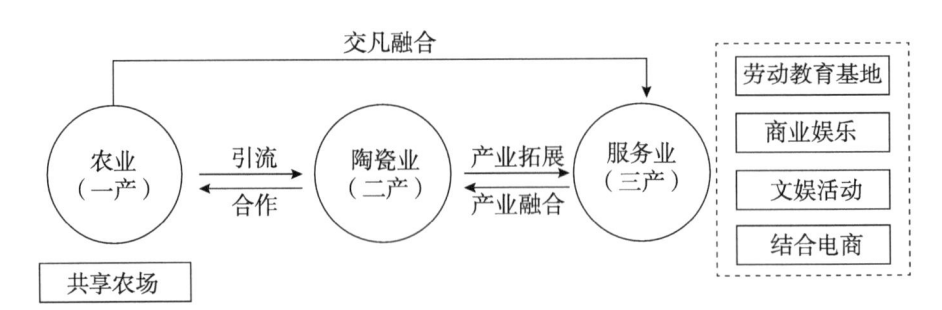

图4-1 "陶瓷+"跨界融合发展模式

4.4.1 农业与陶瓷业跨界融合，实现一产带动二、三产

现阶段，人们为了享受优质健康的食品，一部分城市居民产生了回归自然的需求，他们渴望拥有一块土地用于自己生产绿色无公害农产品，拥有属于自己的田园也越来越成为市民追求的一种时尚。

在此趋势下，凤塘镇可打造实现农业与陶瓷融合的共享农村，将陶瓷制品融入共享农场中。共享农场通过出租农田、家禽领养、提供烹饪厨房与自助餐厅的方式，实现城市中人们对"归园田居"的向往，使其体验"农耕、丰收、烹饪、品尝"自给自足的田园生活。同时将制作精美、实用的陶瓷器具用于游客的烹饪和用餐上，并设立陶瓷用具销售点，在第一产业的基础上，带动第二、第三产的发展。一产要充分发挥乡村农业休闲体验的功能，在农场内可建设家禽领养地、亲子生态菜园、特色采摘果园等，促进"农业+体验"的产业融合，以共享农场的招牌提高当地客流量。农场附近可建设陶瓷主题民宿、特色陶瓷茶馆、文化旅游街等，在商铺的设计和装修中，可灵活运用当地陶瓷文化元素和艺术特色，借助共享农场形成的人流池，带动周边服务业的发展，实现一产带动二、三产发展。

4.4.2 打造陶瓷劳动教育实践基地，促进产学研融合

随着教育部《义务教育课程方案和课程标准（2022年版）》公布，单独设立的劳动课即将出现在中小学的课表里。劳动教育不能仅仅在校园内、家门里，应该多关注课外、校外劳动实践体验的有效拓展。在此背景下，凤塘镇可打造一个潮州大中小学生劳动实践基地，为大中小学生提供劳动实践场所，为陶瓷相关专业学生提供实训场所，达到产学融合的目的。

在劳动实践场所方面，基地可分为三个劳动实践活动区。一区为揉泥、拉坯塑形，二区为调色、上色，三区为烧制展示。针对大中小学生，设计适合他们的劳动实践方式，表4-1展示了适合各年龄阶段的劳动项目。

表 4-1 各年龄段陶瓷劳动项目

年龄段	劳动项目
3~6岁（幼儿园）	以娱乐为主，提供瓷泥让孩子自由发挥创作
6~12岁（小学）	对瓷泥的塑造有一定形状要求，锻炼动手能力
12~18岁（中学）	学习如何拉坯塑形，烧制自制陶瓷后进行上色
18岁以上	学习如何拉坯塑形、上釉，最后进行上色

通过提高学生在制瓷过程中的参与度，使其切身体验劳动的乐趣，增强对陶瓷文化的理解。基地应与各大中小学校进行合作，注重体现陶瓷传统文化和工匠精神，在文化长廊中设立宣传栏与展示栏，宣传潮州文化，展示学生在劳动过程中制作出的优秀作品。

在实训场所方面，基地可分为教学区与实操区两个实训区。教学区应为安静的理论教学场所，实操区应为设备齐全的制瓷场所。基地需提供较为专业和精细的设备，帮助陶瓷相关专业学生进行实操训练，使其更好地将课堂、课本知识运用到实际当中。基地还应加强与广东省陶瓷研究院、潮州陶瓷行业协会、韩山师范学院（陶瓷学院）等陶瓷相关机构的交流与合作。

4.4.3 打造文化旅游特色街，文旅融合再现陶都风情

文化是旅游的灵魂，旅游是文化的载体，文化旅游业将为城市发展注入活力、动力。在某种程度上，文旅融合将成为城市发展最为重要的"发动机"之一。因此，我们认为，凤塘镇可以在园区规划中打造一条文化旅游特色街，实现凤塘镇"陶瓷+旅游"的跨界融合，以陶瓷带动潮州旅游业的发展。

文化旅游特色街内可积极引进各类具有陶瓷文化元素的商铺、小店以及展览馆，如陶瓷手工体验馆、潮州美食餐馆、陶瓷工艺品店、文化展览馆等。为潮州市民与外来游客提供亲子娱乐、休闲观光的场所，并借此机会宣传陶瓷文化，以文化特色街为载体，将潮州陶瓷文化带到大众视野中。

为了将陶瓷文化充分融合到旅游当中，可以在文化街内打造一批高质量和多样化文化特征的陶瓷文化舞台剧、影视剧、音乐、图书等各类文化产品，并以"短视频+直播"社交平台为新载体与传播主渠道，不定期接受电视媒体

或平面报纸报道,讲好自媒体时代的潮州故事、凤塘镇故事、潮州非遗故事等,不断增强中国瓷都(潮州)对各地游客的吸引力。

为此,我们设计了"陶瓷+"跨界融合园区平面图(见图 4-2)。凤塘镇应在探索中创新,于创新中发展,把"农、瓷、旅"融合作为打造乡村振兴新业态的重要突破口之一,紧盯市场需求,做强做精陶瓷特色旅游产业,加强资源整合,着力提升乡村旅游产品和线路的市场竞争力。只要找好定位、凸显特色,"农、瓷、旅"融合既可以满足游客"诗与远方"的需求,又能够带动当地农民增收,推动乡村振兴走深走实。

4.5 打造陶瓷服务创新平台,提高生产与管理技术

4.5.1 搭建数字化全流程智能智造平台

依托瓷泥产业园的建设,凤塘镇可着力打造"原料标准化、自动化及数字化生产"标杆项目,通过信息的存储、传播、获取,以数字技术为运作规则,结合新媒体、大数据、人工智能、区块链技术、5G 等新技术,打造行业首个数字化全流程智能智造平台,树立陶瓷产业集群数字化转型标杆。

通过规划建设瓷泥产业园区,凤塘镇可以有效整合原有分散在辖区内的各类瓷泥企业,引导符合条件的企业转移进驻,加大技术研发,丰富瓷泥种类,并通过深加工将较差的原材料变为优质材料,实现资源的合理利用,促进绿色环保生产。

打造瓷泥产业园,凤塘镇可引导原料加工企业和陶瓷生产企业联合组建原料厂,解决产销对接问题。在技术方面,先将原矿加工成标准化原料,再根据用户要求,用标准化原料配制不同的瓷泥,以解决大规模生产与瓷泥多品种、小批量之间的矛盾,满足不同用户的需要。

4.5.2 建立数字化示范工厂

凤塘镇可基于工业互联网平台,建立数字化示范工厂,通过"5G 通信、

数字孪生、大数据、AI人工智能、BI辅助决策"等技术，推广使用自动化或半自动化生产线100条以上智能化的生产流水线，以新技术激活地域传统陶瓷文化资源，打造一个高质量发展的模式，为产业发展插上智造翅膀，实现从客户订单获取，到研发设计、采购供应、生产制造、仓储物流，最后到市场投放和销售服务全业务链的数字化运营，实现提质、增效、降本、减存。主动学习佛山智能制造经验，用好陶瓷智能装备，调动凤塘镇各方面制陶技艺传承创新、陶瓷产业发展提质升级的积极性，建设陶瓷智能装备制造园区，开展数字绿色技改专项。

4.6 重视农村电子商务发展，完善配套设施

4.6.1 突出电子商务与陶瓷产业融合，推动乡村产业振兴

鼓励村内村民运用短视频、直播等新载体，宣传推广自己的美丽乡村，增强本乡村的知名度，发展乡村共享经济的新业态；进一步实施好"互联网+"陶瓷产品出村进城工程，企业将自己生产的陶瓷产品放到多个购物平台，借助文字、图片、视频等描述和展示产品优势，让消费者可以直接线上选购；还可以利用网络的便利性，在各节假日、纪念日等举办各种类型的促销、打折、组合销售等，增加企业知名度的同时推动消费；创新发展网络众筹、预售、定制等产销对接新方式，让更多"养在深闺人未识"的陶瓷产品通过网络走进千家万户，成为生活必需品。

4.6.2 以电子商务应用为先导，推动数字乡村建设

在村里加快普及社交电商、直播电商等新兴业态，让手机加速成为新工具、直播加速成为新工作、陶瓷产品加速成为新网货。利用大数据推动陶瓷产品的线上销售，加快物联网、人工智能在陶瓷生产经营管理中的运用。[①] 推

---

① 魏延安：推动乡村振兴 农村电商"十四五"大有可为［EB/OL］.（2021-12-17）[2022-10-31］. http://news.cnwest.com/bwyc/a/2021-12-17/20166662.html.

动互联网支付、移动支付、供应链金融在陶瓷生产中的普及应用，加快陶瓷产业的商业数字化改造。

4.6.3 持续加大基础设施投入，加快完善农村电商生态体系

健全道路交通设施，修缮老旧道路，完善农村交通系统，确保配送车辆通行。开设物流网点覆盖农村，为陶瓷产品流通提供条件。协调金融、财税和土地等对电子商务的优惠扶持力度，为电商企业进军陶瓷产业市场、兴建电子商务服务站以及物流配送站等提供支持，解决陶瓷企业电商经营融资难、贷款难问题。完善农村基础设施建设，提高陶瓷产品的物流技术应用水平，建立高效的陶瓷物流体系，缩小流通时间成本。发挥政府在农村电子商务中的推动作用和引导作用，加快推进"互联网+高效物流"，健全农村寄递物流体系，深入发展县乡村三级物流共同配送，加速补上分级分选等短板。

第 5 章　展　望

党的二十大报告提出，全面推进乡村振兴。坚持农业农村优先发展，坚持城乡融合，畅通城乡要素流动。在此时代背景下，陶瓷产业转型升级方面仍有很大的发展空间，在生态以及文化结合方面还可以有质的提升。未来研究中，首先我们将进一步扩大调查对象范围，加大调查群体类型与走访陶企数量，更加全面地了解当地陶瓷产业的现状。其次，系统性研究乡村振兴产业发展的最新文献，利用最新思想和方法进一步阐释凤塘镇陶瓷产业发展中遇到的新问题，提炼和丰富乡村振兴中关于产业振兴的典型案例的具体做法与经验。最后，乡村振兴是今后社会发展重点，凤塘镇陶瓷企业全面发展存在滞后性和不稳定性，如何借乡村振兴战略的东风加快实现跨越式发展，还需要深入研究与更加深入的实地调查，以破解未来发展中遇到的新情况和新的问题，为乡村振兴提供潮州样本。

我们坚信，凤塘镇陶瓷产业在各级政府及领导的关心和支持下，一定能够实现高质量发展，为乡村振兴注入新动力！

参考文献

[1] 李莉,吴雁彬.潮州陶瓷文化旅游开发探析[J].韩山师范学院学报,2009,30(2):51-54.

[2] 吴肇霖.潮州市陶瓷产业供给侧结构性改革的思考[J].今日财富(中国知识产权),2018(9):71-72.

[3] 曾益.潮州市区域经济发展探析[J].中国集体经济,2012(12):35-36.

[4] 游丽江.乡村振兴视角下德化陶瓷产业发展研究[J].科技创业月刊,2022,35(4):61-64.

[5] 谢志鹏,秦笑威,安迪,等.我国先进结构陶瓷产业分布与发展及面临的问题与挑战[J].陶瓷学报,2019,40(1):1-13.

[6] 林洁纯."互联网+"驱动潮州产业转型问题研究[J].中国集体经济,2017(30):17-18.

[7] 董翀.产业兴旺:乡村振兴的核心动力[J].华南师范大学学报(社会科学版),2021(5):137-150,207-208.

[8] 郭婷婷."一品"兴"一村"特色乡村产业大有可为[J].现代营销(信息版),2019(11):173.

[9] 李迎旭.后疫情时代潮州陶瓷产业高质量发展对策研究[J].广东经济,2021(10):80-85.

[10] 程晓丽,祝亚雯.安徽省旅游产业与文化产业融合发展研究[J].经济地理,2012,32(9):161-165.

[11] 崔宁,邱州鹏,杨垠旋.数字时代青年大学生主流文化教育路径优化研究:基于广州、清远两地大学城的实证调研[J].太原城市职业技术学院学报,2021(1):44-47.

[12] 田威孔，徐杰，孔祥荣，等．三产融合视角下现代休闲农业园发展规划探析：以广饶县千乘园为例［J］．南方农机，2022，53（19）：43-49.

[13] 李华，孙文策，韦怡廷，等．"共享+农业"共享农场引领农业共享经济［J］．蔬菜，2021（5）：1-11.

[14] 郭建晖，李海东．陶瓷文化产业视野下国际瓷都复兴研究［J］．江西社会科学，2022，42（4）：30-40，206.

[15] 魏延安．农村电商的大变局［J］．农产品市场，2022（14）：59-61.

[16] 路标．农村电子商务推动乡村振兴的动力机制与发展路径研究［J］．农业经济，2019（12）：129-130.

附录1：问卷调查

关于潮州市民陶瓷选购情况以及陶瓷认知情况调查

尊敬的先生、女士：

您好！

我是韩山师范学院的一名学生，为了全面了解分析潮州陶瓷产业的发展状况，设计本次调查活动，请您在百忙之中抽出一点时间填写这份调查问卷，您的信息只用于数据分析，不予公开，请放心作答。您的回答对于我们得出正确的结论很重要，希望能得到您的配合和支持，谢谢合作！

1. 您是否喜欢陶瓷：

    A. 喜欢

    B. 一般般

    C. 没兴趣

2. 您选择购买的方式：

    A. 厂家购买

    B. 品牌门面店

    C. 建材批发市场

    D. 装修人员采买

    E. 网上

    F. 其他

3. 您选择陶瓷的主要考虑因素：

    A. 质量

    B. 价格

    C. 环保

D. 服务

4. 您更倾向于选择：

   A. 品牌陶瓷

   B. 贴牌陶瓷

   C. 杂牌陶瓷

   D. 无所谓

5. 您认为陶瓷企业要发展最重要的是把好哪一关？

   A. 质量

   B. 价格

   C. 持续发展（环境）

   D. 发展自我品牌

6. 您知道凤塘镇为陶瓷专业镇吗？

   A. 知道

   B. 不知道

   C. 听过但不清楚

7. 您对潮州陶瓷品牌了解吗？

   A. 不了解

   B. 一般

   C. 了解

附录2：问卷调查

关于在校大学生对于陶瓷行业看法调查

同学：

您好！

为了解在校大学生对于陶瓷产行业的看法，设计本次调查活动，请您在百忙之中抽出一点时间填写这份调查问卷，您的信息只用于数据分析，不予公开，请放心作答。您的回答对于我们得出正确的结论很重要，希望能得到您的配合和支持，谢谢合作！

1. 您对潮州陶瓷品牌了解吗？

    A. 不了解

    B. 一般

    C. 了解

2. 你平常在哪里购买陶瓷产品？

    A. 街边小镇

    B. 杂货店

    C. 陶瓷专卖网店

    D. 大型超市或商场

    E. 其他

3. 你会选择网上购买陶瓷吗？

    A. 会

    B. 不会

4. 你会在哪些渠道了解陶瓷的品牌？

    A. 网络

B. 广告

C. 电视

D. 超市

E. 他人推荐

5. 你怎么看待中国在国际陶瓷市场的地位？

   A. 陶瓷的发源地，当然看好

   B. 受到了冲击，但还是持有乐观态度

   C. 目前不看好

   D. 其他

6. 你觉得互联网媒体的兴起对于陶瓷行业有何影响？

   A. 在积极推动行业转型和发展

   B. 没太大影响

7. 你觉得电商平台的兴起对于陶瓷行业有何影响？

   A. 积极推动陶瓷行业的发展

   B. 不太兼容，并没有起到积极作用

   C. 没太大影响

8. 您知道凤塘镇为陶瓷专业镇吗？

   A. 知道

   B. 不知道

   C. 听过但不清楚

附录3：问卷调查

关于陶瓷从业者对陶瓷产业的看法调查

尊敬的先生、女士：

您好！

我是韩山师范学院的一名学生，为了全面了解潮州陶瓷从业者对陶瓷产业的看法，设计本次调查活动，请您在百忙之中抽出一点时间填写这份调查问卷，您的信息只用于数据分析，不予公开，请放心作答。您的回答对于我们得出正确的结论很重要，希望能得到您的配合和支持，谢谢合作！

1. 您从事陶瓷相关行业多久了？

    A. 5 年以下

    B. 5~10 年

    C. 10 年以上

2. 您的身份是？

    A. 陶瓷生产企业经营者

    B. 陶瓷工人

    C. 陶瓷经营个体户

    D. 其他

3. 您所在的陶瓷单位现在主要的销售渠道是？

    A. 网络销售

    B. 实体销售

    C. 批发/零售

    D. 其他

4. 您所在的陶瓷单位是机器还是人工生产？

    A. 机器为主

B. 人工为主

C. 两者都有

5. 您觉得现在什么样的陶瓷用具前景最好？

   A. 简约实用耐用的

   B. 造型别致惊喜的

   C. 具有创意、新潮的

   D. 有特殊意义的

   E. 便宜实惠的

6. 您认为目前潮州陶瓷市场前景如何？

   A. 很好

   B. 一般

   C. 不太好

   D. 不好

7. 您认为潮州陶瓷产业有无必要转型升级？

   A. 有必要

   B. 没多大必要，现状就很好

8. 您知道凤塘镇为陶瓷专业镇吗？

   A. 知道

   B. 不知道

   C. 听过但不清楚

9. 您认为您所在陶瓷企业招工难吗？

   A. 难

   B. 一般

   C. 不难

10. 您所在企业什么时候招工最难？（多选）

    A. 春节前后

    B. 其他法定节假日

    C. 疫情影响

    D. 其他

后　记

长期以来，韩山师范学院在推动潮州陶瓷产业发展方面积累了丰富经验，产出了一批优秀成果。陶瓷学校（中专）和美术学院（陶瓷学院）为陶瓷产业培养了大批技术人才，学校陶瓷研究所、陶瓷产业研究所、环境应用化学技术研究所、广东省环境污染控制与清洁生产工程技术研究中心、粤东分析测试中心、资源与环境可持续发展协同创新中等科研平台产出了丰硕成果。已经发表并出版了一批主题鲜明的高质量学术论著，获得了多项省级以上课题立项与奖项；在服务社会方面，积极为政府出谋划策，提交的报告多次被国务院侨办、潮州市政府等政府部门批示与采用。

潮州作为我国陶瓷的主要产区，已成为全国产品门类最齐全、产业链条最完整的陶瓷产区，2019年再次被授予"中国瓷都"称号。陶瓷产业作为潮州市首要的支柱产业，已经拥有较为完整的产业链，产业集群明显，但是却无法很好地发挥集聚效应，难以形成产业竞争优势和塑造区域品牌。自2020年8月潮州市政府下发《潮州市打造千亿陶瓷产业集群行动方案》以来，从提档升级、培育品牌、人才引进、技能培训、资金支持、宣传推介、招商引资等多方面出台具体措施，对潮州陶瓷产业发展进行了总体规划和部署，全力打造千亿陶瓷产业集群。

然而，受客观影响，潮州陶瓷产业受到较大冲击，由巅峰时期从业人员约40万人，下降到目前不足20万人。后疫情时代，潮州陶瓷产业如何提档升级？如何实现高质量发展？我们认为：可以根据《潮州市打造千亿陶瓷产业集群行动方案》《潮州市陶瓷产业人才振兴计划实施方案》《潮州市陶瓷产业人才振兴计划专项资金管理细则》等文件精神，借鉴各地经验，如：德州为支持德州扒鸡产业发展，联合高校成立德州扒鸡产业研究院；柳州市为支持螺蛳粉产业发展，也联合高校成立了柳州螺蛳粉产业学院。

新时期，陶瓷产业面临新的挑战，如果没有专门机构研究这一问题，帮助陶瓷产业可持续发展，潮州数十年积累的产业优势将不可避免地面临衰败。

为了落实习近平总书记 2016 年在全国哲学社会科学工作座谈会上的要求，推进广东省哲学社会科学事业的进一步发展，结合韩山师范学院在陶瓷研究方面的学科建设实际和科研优势，为潮州陶瓷转型升级和实现产业高质量发展提供智力支持，提升潮州陶瓷区域品牌影响力，推进潮州陶瓷产业提档升级，2022 年 8 月我们申报设立广东省社会科学界联合会决策咨询"陶瓷产业研究中心"基地。

值得庆幸的是，2023 年 1 月广东省社会科学界联合会批准了我们的申请，同意设立"广东省决策咨询研究基地·韩山师范学院陶瓷产业研究中心"。研究中心主要研究设想如下。

一、研究方向及重点研究领域

（一）产业发展与企业现代化建设

主要研究：陶瓷产业如何高质量发展？陶瓷产业如何布局？如何进行品牌建设？陶瓷企业现代化建设与公司治理，为企业做大做强提供智力支持。

可整合校内专业资源：经济学（产业经济、区域经济学、金融、计量经济学、技术经济学、生态经济学）、管理学（人力资源管理、审计）、生态学、社会学、法学等相关学科专业。

（二）人才开发与培训

主要研究产业人才挖掘、人才培训、建立人才库等。系统研究产业各类人才开发与演化新时代背景下，创业人才储备情况及其演化，与其他传统产业相比，工艺大师、美术大师等工匠型人才发展情况（是否存在流失）。研究产业不同发展阶段人才需求特点、行业就业特征，预测未来人才需求情况。

可整合校内专业资源：人力资源管理、审计、陶瓷相关专业、工艺美术及培训学院等相关学科专业。

（三）微商中心与陶瓷艺术品展销

主要为韩山师范学院有创业意愿的学生提供创业平台，研究新时代创新创业的新动向和素质要求，为更好地培养创新创业人才提供参考。

可整合校内专业资源：人力资源管理、财务管理、审计、陶瓷相关专业、材料、化学、文学、语言学、民俗学、历史学、计算机、电子商务、工艺美术等相关学科专业。

（四）创意设计与非遗传承数字化

主要从事陶瓷企业的广告、文创、影视制作、动漫设计等方面的研究，将陶瓷产业发展与中华传统文化相结合，从文化创意产业发展视角探索陶瓷产业发展的新路子。充分发挥韩山师范学院在艺术、潮学、人文、法学、经济及管理等方面的综合人才优势，立足非物质文化遗产的传承与保护，打造艺术陶瓷产品，将中国传统文化与陶瓷产业发展相结合，探索出一条新时代潮州陶瓷产业高质量发展之路。

可整合校内专业资源：文学、美术、影视制作、动漫设计、计算机、设计、民俗、社会学、教育学、法学、经济学（产业经济）、管理学（营销与策划）、材料学、化学化工等相关学科专业。

二、未来10年重点研究内容及预期成果

（一）产业发展与企业现代化建设方向

预期成果：

1. 陶瓷产业转型升级和高质量发展（项目、著作或研究报告、智库报告、咨询报告、论文等）。

系统研究：陶瓷产业如何转型升级？如何实现高质量发展？梳理国内外产业发展经验，为潮州陶瓷产业提供经验借鉴。

2. 陶瓷产业品牌建设与企业品牌建设（横向纵向项目、著作、智库报告、咨询报告、论文等）。

在擦亮"中国瓷都"金字招牌、树立潮州陶瓷品牌形象的同时，研究陶瓷产业和企业如何强化品牌建设，形成"区域品牌+企业品牌"的共创模式。

3. 陶瓷产业指数编制并发布（计划联合新华社）（横向纵向项目、著作或研究报告、智库报告、咨询报告等）。

在权威媒体上发布全国（全球）陶瓷产业指数（计划请新华社发布），全面提升潮州陶瓷知名度。新华社是党的媒体喉舌，其影响力足以全面提升潮州陶瓷产业品牌影响力，结合相关媒体宣传报道，重点打造一批明星企业品牌。

4. 建立陶瓷产业发展数据库及年度发展报告（横向纵向项目、研究报告、智库报告等）。

计划每3~5年出版一份中国陶瓷产业发展跟踪报告（蓝皮书），全面提升潮州陶瓷产业在国内的知名度，提升韩山师范学院经管院在业界的影响力。

计划整理并建设近20~40年陶瓷产业发展相关数据（产值、就业人数、税收、研发投入、品牌建设、市场开拓、出口等），追踪研究陶瓷产业发展的兴衰，为后续陶瓷产业发展提供历史数据和研究基础，提升研究院在国内国际的影响力。

5. 不定期发布陶瓷企业发展及现代化企业建设（含公司治理情况）数据库及报告（横向纵向项目、研究报告、智库报告、咨询报告、论文等）。

每3~5年出版一份中国陶瓷企业发展动态及现代化公司建设/治理效率研究报告。

（二）人才开发与培训方向

预期成果：

1. 中国陶瓷产业人才动态变化（建立数据库，项目、著作或研究报告、智库报告、咨询报告、论文等）。

每3~5年出版一份中国陶瓷产业人才动态变化研究报告。

2. 企业家精神培育与陶瓷产业发展研究（项目、著作、论文、研究报告、咨询报告、人物传记、访谈纪录片等）。

深入调研全国陶瓷产业龙头企业，访谈企业家精神与产业发展的关系，拍摄纪录片，为课堂教学与学科建设储备真实案例。

3. 打造系列培训课程，并联合行业专家编写行业培训教材。

（三）微商中心与陶瓷艺术品展销方向

预期成果：

1. 建设微创空间不少于 2000 平方米，提供不少于 20 个创业窗口（创客空间），直播、电商等。

2. 参加创业大赛并获奖。

3. 为陶瓷企业培养优秀创业合伙人。

4. 编写大学生创业优秀案例。

5. 创业设计及创业计划书汇编。

6. 陶瓷艺术品展销中心—陶瓷博物馆—电商中心。

（四）创意设计与非遗传承数字化方向

预期成果：

1. 陶瓷艺术设计发展史（项目、著作、智库报告、咨询报告、论文等）。

通过系统研究国外陶瓷艺术设计发展的历史，寻找陶瓷产业发展方向，产学研相结合，结合艺术设计打造陶瓷艺术创意精品（限量版）。

2. 陶瓷非物质文化遗产数字化保护与传承（项目、著作、软件、数据库、调研报告、智库报告、咨询报告、论文等）、陶瓷的故事（汇编官方、民间关于陶瓷的故事）。

系统收集与整理陶瓷艺术精品，实施数字化保护与传承，并打造"陶瓷艺术鉴赏"精品课，"探索陶瓷典故，讲好陶瓷故事"，擦亮陶瓷品牌，提升陶瓷艺术价值。

3. 陶瓷艺术设计与创意广告及动漫设计与制作（项目、著作、调研报告、智库报告、咨询报告、论文，服务企业、创意大赛等）。

为企业量身定制创意广告、动漫设计与制作和艺术作品设计等。每年组织全国（省）或陶瓷产业的相关省市院校举办陶瓷艺术创意设计大赛，将产学研与人才培养紧密结合。

欢迎各界人士前来洽谈合作，共谋陶瓷产业高质量发展。联系方式：hubli@163.com，联系人：李老师。

这是中国瓷都第 1 期公开出版的智库报告，由于作者能力有限、时间有限，对陶瓷产业主要产区尤其是对国外陶瓷产业还缺乏系统调研，报告还存在各种各样的问题，还请各界领导、行业专家、企业家朋友、相关领域研究者批评指正！愿以此智库报告抛砖引玉，激发更多专家学者关注陶瓷产业，为陶瓷产业高质量发展建言献策，也欢迎各行业专家、企业家、学者等关心陶瓷产业发展的各界人士投稿（投稿邮箱：hubli@163.com），我们将择优编辑出版第 2 期智库报告或联合陶瓷主要产区筹划出版《中国陶瓷转型升级与高质量发展蓝皮书（2024）》。

广东省决策咨询基地·韩山师范学院陶瓷产业研究中心执行主任
李　毅
2023 年 10 月 10 日于潮州